古代美術史研究

初 編

第 2 冊

莊子思想的藝術化

黃 志 盛 著

花木蘭文化出版社

國家圖書館出版品預行編目資料

莊子思想的藝術化／黃志盛 著 -- 初版 -- 新新北市：花木蘭文化出版社，2017〔民 106〕

目 2+158 面：19×26 公分

（古代美術史研究 初編：第 2 冊）

ISBN：978-986-6528-74-3（精裝）

1.（周）莊周 2.學術思想

121.337　　　　　　　　　　　　　　　　　　　98001637

ISBN-978-986-6528-74-3

9 789866 528743

古代美術史研究
初　編　第　二　冊　　　　ISBN：978-986-6528-74-3

莊子思想的藝術化

作　　者	黃志盛
總 編 輯	杜潔祥
副總編輯	楊嘉樂
編　　輯	許郁翎、王筑　美術編輯　陳逸婷
出　　版	花木蘭文化出版社
社　　長	高小娟
聯絡地址	235 新北市中和區中安街七二號十三樓
	電話：02-2923-1455／傳真：02-2923-1452
網　　址	http://www.huamulan.tw 信箱 hml810518@gmail.com
印　　刷	普羅文化出版廣告事業
初　　版	2017 年 3 月
全書字數	118222 字
定　　價	初編 15 冊（精裝）新台幣 30,000 元

莊子思想的藝術化

黃志盛 著

作者簡介

黃志盛

1. 學歷：國立高雄師範大學國文研究所博士
2. 經歷：

        國立高雄海洋科技大學副教授

        國立高雄師範大學兼任副教授

        私立義守大學兼任副教授

        私立崑山科技大學專任講師

        私立中洲技術學院專任講師

3. 學術專長：思想、文學、生死學、方法論
4. 講授課程：華語文學與思想、應用文、中國語文、生死學

提　　要

　　本文共一冊，約十五萬字，分六章二十六節。全文旨在說明莊子思想的最高概念——道。就資料來源而言，本文除參考莊子的資料之外，並斟酌參考古今中外學者之著作，計專書一百五十一種，論文二十五種，單篇文章七十七篇。就研究方法而言，本文先從莊子其人及其書之探討入手，而後及於莊子的表意方式，再進入本題——莊子之道的研究。結果吾人發現，莊子之道除具有形上之性質外，同時也具有藝術之性質，而這具有藝術之性質的道，尤其為莊子所注重。茲將全文各章之內容，略述於左：

　　第一章　緒論，旨在說明本文的寫作旨趣、研究方法、論述程序及資料取捨之標準。

　　第二章　莊子其人及其書，旨在說明莊子的生平及其著作。

　　第三章　莊子三言的探討，旨在說明莊子的表意方式——寓言、重言及卮言這三種文體在作法上的分別。

　　第四章　莊子用三言以說明道的舉例，旨在說明莊子之道具有形上的性質。

　　第五章　莊子的藝術的心靈，旨在說明莊子之道具有藝術的性質。

　　第六章　總結，則將本文研究所得，擇要敘述之。

目
次

第一章　緒　論

第一節　本文的寫作旨趣

　　本文旨在探討莊子思想的最高概念——道。根據《莊子》一書的描述，道具有兩方面的性質：一為形而上的性質；二為藝術的性質。就形而上的性質而言，莊子之道，換成現代的語言來說，即是一種客觀的形上實體。這種客觀的形上實體，是一種看不到、聽不見、摸不著，不是經驗界的語言、文字所能表達的抽象的存在。這種抽象的存在，同時也是生成天地萬物的根源，它是無所不在的。就藝術的性質而言，莊子之道，即是一種最高的「藝術的心靈」，換句話說，它是一種可以使精神獲得絕對自由的抽象的存在。道雖然同時具有這兩種性質，不過莊子所注重的，不是形上的性質而是藝術的性質，這可以從《莊子》書上找到可靠的證據。本文寫作的旨趣，即在於把這些證據給指示出來，從而肯定莊子之道即是近代之所謂「藝術的心靈」。

第二節　本文的研究方法及論述程序

　　本文的研究方法，首重莊子的生平及其著作的研究，然後再從莊子的表意方式入手，最後再進入本題的研究。在從事上述各種問題的研究時，筆者並斟酌地參考了古今中外學者的論點，加以剖析、比較，從而理出贊成、不贊成，或另外提出自己的意見等三種答案。然而，由於學識、閱歷的限制，疏忽、淺陋之處，一定很多，敬請包涵。至於本文的論述程序，則依著研究

方法的導引而加以開展。如此的寫作，主要目的，在於使理路的開展顯得更加清晰。茲將本文的論述程序，書之於下：

第一章　緒論，旨在說明本文的寫作旨趣、研究方法、論述程序及資料取捨的標準。

第二章　莊子其人及其書，旨在說明莊子的生平及其著作。

第三章　莊子三言的探討，旨在說明莊子的表意方式。

第四章　莊子用三言以說明道的舉例，旨在說明莊子之道具有形上的性質。

第五章　莊子的藝術的心靈，旨在說明莊子之道具有藝術的性質。

第六章　總結，則將本文研究所得，擇要敘述之。

第三節　本文對於莊子的資料的取捨標準

前人在從事莊子思想的研究時，對於莊子的資料，可以說都各有各的取捨標準。他們有的把《莊子》這本書一視同仁的看成是莊子的著作，在遇到矛盾、衝突時，便設法強作解釋；有的把三十三篇分成幾類，使它們各依其類別，分別歸入不同的學派之中，然後再以一部分所謂莊子的資料作為研究的範圍；有的割裂篇章，重新加以整合，然後再去研究；有的把內七篇分為七類，然後再把外雜篇分別派入這七類之中，而後再從事研究；有的甚至於完全刊落外雜篇，只以內七篇作為研究範圍。〔註1〕由於他們對於資料的取捨標準本來就不相同，因此，所得到的結論，也莫衷一是。對於莊子的資料，筆者是以思想的開展是否完整做為取捨的標準，就內外雜篇而言，除內七篇能自成體系之外，外雜篇則顯得有些凌亂、參差，然而，這並不意味著外篇雜的資料，都應在摒棄之列，因為就事實而言，外雜篇中，也存有不少與內七篇的思想相吻合的資料，對於這些資料，當然可以拿來做為輔助內篇之用。不過，話又說回來，這樣的取捨標準，並不見得就是絕對的客觀，因為只要一設下標準，總免不了有主觀的成分在內，筆者只希望能夠做到儘量減少主觀的成分，如此而已。

〔註1〕如羅根澤就分其作品各屬於老子、慎到、莊子等不同家。嚴靈峰《莊子章句新編》就給予全書重新整編一次。劉成炘就以內七篇為準，分三十三篇為七類，然後再去研究。總之，各家有各家的取捨標準，因此，所得的結論，莫衷一是。（參閱張彬村著《易傳與莊子的現實世界觀與理想世界觀》）

第二章　莊子其人及其書

第一節　莊子的生平

一、名　字

《史記‧老莊申韓列傳》說：

> 莊子者，……名周。〔註1〕

《釋文‧敘錄》自注引太史公的話，說：

> 字子休。〔註2〕

成玄英《莊子疏‧序》也說：

> 字子休。〔註3〕

根據以上所徵引的資料，我們可以替莊子的名字界定爲：

> 莊子，姓莊，名周，字子休。

不過，也有持著不同的意見的，如王樹柟說他字子沐，就是孟子所稱的子莫。蔡元培又說莊周就是楊朱。〔註4〕雖然未必就是，但這正可以說明莊子是個像謎一樣的人物。

〔註1〕　見司馬遷著《史記》，卷六十三，〈老莊申韓列傳〉第3，頁859，藝文印書館印行。

〔註2〕　本資料引自王叔岷撰《莊學管闚》，頁3，藝文印書館印行。

〔註3〕　同註2。

〔註4〕　參閱顧頡剛著《古史辨》第六冊，頁371，明倫出版社印行。

二、籍　貫

《史記‧老莊申韓列傳》說：

> 莊子者，蒙人也。〔註5〕

裴駰《集解》引〈地理志〉的說法，說：

> 蒙縣屬梁國。〔註6〕

司馬貞《索引》引劉向《別錄》的說法，說：

> 宋之蒙人也。〔註7〕

綜觀以上所徵引的資料，我們不難發現，莊子的籍貫跟他的名字一樣，也像個謎。司馬遷只說他是蒙人，裴駰更進一步地指出是梁國的蒙人，劉向則說他是宋之蒙人。那麼，莊子究竟是宋之蒙人呢？還是梁的蒙人？還是有其他的主張？又，莊子的眞正老家在那裏？對於這些問題，黃錦鋐在〈莊子的生平〉一文裏，曾有詳細說明，茲引他的說法於下，以資參考：

> 莊子眞正的老家，應該是在歸德府南廿五里的地方，那地方叫小蒙城。據府志上說，其中有漆園。莊周嘗爲漆園吏，城亦名漆邱。
> 〔註8〕

又說：

> 至於蒙地是屬宋？還是屬梁？這也是基於時代變遷的因素，蒙地本來是屬於宋國。宋被滅，楚、魏、齊把宋國瓜分了。蒙地因屬魏國。莊子出生時，蒙地還是宋的版圖，但當莊子去世後，宋地已被楚、魏、齊瓜分了。所以朱子說：「莊子自是楚人。」陸德明說：「莊子者，姓莊，名周，梁國蒙人也。」《隋書‧經籍志》說：「《莊子》廿卷，下注云：梁漆園吏莊周撰。」是以莊周屬梁人。劉向《別錄》、《漢書‧藝文志》、《戰國策》高誘《注》都認爲莊周是宋人。在宋沒有滅亡時說莊子是宋人。就宋滅亡以後的時間說，莊子是楚人也好，魏人也好，都沒有爭執的必要了。〔註9〕

〔註5〕　同註1。
〔註6〕　同註1。
〔註7〕　同註1。
〔註8〕　參閱黃錦鋐著《新譯莊子讀本》，頁2，三民書局印行。
〔註9〕　參閱前揭書，頁8～9。

三、生卒年

　　莊子的生卒年，也是後世議論頗多，一直沒有定案的問題。《史記‧老莊申韓列傳》說：

　　　　莊子者，……與梁惠王、齊宣王同時。〔註10〕

又說：

　　　　楚威王聞莊周賢，使使厚幣迎之。〔註11〕

根據《史記》的記載，從梁惠王即位的那一年開始，到齊宣王逝世時為止，也就是自周烈王六年（西元前370年）到周顯王四十五年（西元前324年），總共四十七年，莊子應該和這一段時間內的人同時。但是，莊子的生卒年究竟如何？則不得而知。後世學者，多有就此問題而提出意見的，茲將各家的意見，列表於下，以資參考：

莊子生卒年異說表

主張者	生　　年	卒　　年	所見書刊
錢　穆	BC359 間	BC289〜279 間	先秦諸子繫年
葉國慶	BC360 左右	BC290 左右	莊子研究
胡哲敷	BC380 左右	BC286 左右	老莊哲學
郎擎霄	BC390〜370	BC317〜290	莊子學案
鄔昆如	BC369	BC286	莊子與古希臘哲學中的道
馬夷初	BC370	BC295	莊子年表
聞一多	BC375	BC295	莊子
陳元德	BC350	BC270 左右	中國古代哲學史
梁啓超	BC370 左右	BC310〜300	先秦學術表
莊萬壽	BC370 前後	BC300 前後	莊子學述

四、仕　宦

　　《史記‧老莊申韓列傳》記載：

　　　　周嘗為蒙漆園吏。〔註12〕

〔註10〕同註1。
〔註11〕見司馬遷著《史記》，卷六十三，〈老莊申韓列傳〉第3，頁860，藝文印書館印行。
〔註12〕同註1。

又說：

> 楚威王聞莊周賢，使使厚幣迎之，許以爲相。莊周笑謂楚使者曰：「千
> 金，重利；卿相，尊位也。子獨不見郊祭之犧牛乎？養食之數歲，
> 衣以文繡，以入太廟。當是之時，雖欲爲孤豚，豈可得乎？子亟去，
> 無污我。我寧遊戲汙瀆之中自快，無爲有國者所羈，終身不仕，以
> 快吾志焉！」〔註13〕

〈秋水〉篇也記載：

> 莊子釣於濮水，楚王使大夫二人往先焉，曰：「願以境內累矣！」莊
> 子持竿不顧，曰：「吾聞楚有神龜，死已三千歲矣，王巾笥而藏之廟
> 堂之上。此龜者，寧其死爲留骨而貴乎？寧其生而曳尾於塗中乎？」
> 二大夫曰：「寧生而曳尾塗中。」莊子曰：「往矣！吾將曳尾於塗中。」
> （〈秋水〉篇，頁603～605）〔註14〕

王叔岷說：

> 莊子生當亂世，雖有道德而不能行，知其不可爲而不爲，故不屑屈
> 己以爲相。其甘園吏之小職者，蓋聊以濟一時之飯寒耳。天下無道，
> 聖人生焉。此之謂矣。〔註15〕

按：王氏堪稱莊周的知音。

五、師、友、弟子、妻與子

（一）師

關於莊子思想的師承淵源，大抵有三種意見：

1. 莊子承續了古代道家的思想

〈天下〉篇說：

> 芴漠無形，變化無常，死與生與！天地並與！神明往與！芒乎何之？
> 忽乎何適？萬物畢羅，莫足以歸，古之道術有在於是者。莊周聞其
> 風而悅之。（〈天下〉篇，頁1098）

〔註13〕同註11。
〔註14〕本文以後凡引用莊子原文，一律採用清郭慶藩輯的《莊子集釋》，河洛圖書公
司印行，民國63年臺影印三版，並直接標明篇名、頁碼於引文下括弧之內，
不另作註。
〔註15〕見王叔岷撰《莊學管闚》，頁5，藝文印書館印行。

2. 莊子承續了老子的思想

《史記‧老莊申韓列傳》說：

> 莊子者，……其學無所不闚，然其要本歸於老子之言。故其著書十餘萬言，大抵率寓言也。作〈漁父〉、〈盜跖〉、〈胠篋〉，以詆訿孔子之徒，以明老子之術。〈畏累虛〉、〈亢桑子〉之屬，皆空語無事實。然善屬書離辭，指事類情，用剟剝儒、墨，雖當世宿學，不能自解免也。其言洸洋自恣以適己，故自王公大人不能器之。〔註16〕

3. 莊子師承了孔門的思想

康有爲說：

> 莊子學出田子方，田子方爲子夏弟子，故莊生爲子夏再傳，實爲孔子後學，其〈天下〉篇，徧論當時學術，自墨子、宋鈃、田駢、慎到、關尹、老聃、惠施，莊子亦自列一家；而皆以爲耳目鼻口，僅明一義，不該不徧一曲之士，不見純體而裂道術。云鄒魯之士，縉紳先生能明之。縉紳是儒衣，鄒魯皆孔子後學，則古人非孔而何？所以尊孔子者，云配神明，醇天地，育萬物，和天下，澤及百姓，明於本數，繫於末度，六通四闢，小大精粗，其運無乎不在。又〈天下〉篇稱爲神明聖王，自古尊孔子，論孔子，未有若莊生者！〔註17〕

按：以上三種意見，都各有所見，然而也都不能道出莊子思想師承的眞相。

個人以爲，對於莊子思想的師承淵源，說得最爲合理的，應該是封思毅。茲引用他的說法，作爲本項的結語。封氏說：

> 蓋莊子爲一天才哲人，誠如太史公所云：「其學無所不窺」、「其言洸洋自恣以適己」，豈一家一派所可得而範圍。故除古之道家、老子，以及儒門孔、顏外，他如楊朱的「不以物累形」，子列子的「貴虛」，關尹的「貴清」，宋牼的「非鬥」，和「見侮不辱」，彭蒙的「莫之是，莫之非」，田駢的「貴齊」，以及慎到的「棄知去己」，均予莊子思想有所影響。其〈大宗師〉稱女偊聞道之由，則由「副墨之子」，歷溯「洛誦之孫」、「瞻明」、「聶許」、「需役」、「於謳」、「玄冥」、「參寥」，以至於「疑始」。「疑始」即言聞道始於懷疑，是亦「自聞而已矣」，此或正爲夫子自道；而後益以「不以觭見」之量，故能「無南無北，

〔註16〕同註1。
〔註17〕本資料引自封思毅著《莊子詮言》，頁11，臺灣商務印書館印行。

奭然四解，淪於一測，無東無西，始於玄冥，反於大通。」得成其
哲學之金字塔。〔註18〕

（二）友

　　根據《莊子》這本書的記載，與莊子交往談論的，有惠施、商太宰蕩、
東郭子、曹商及山木篇所提及的姓名不詳之故人。當中，尤其要以惠施與莊
子的交情最為友好。這可以由〈徐無鬼〉篇的記載看出其端倪：

　　　　莊子送葬，過惠子之墓，顧謂從者曰：「……自夫子之死也，吾無以
　　　　為質矣，吾無與言之矣！（〈徐無鬼〉，頁843）

一種緬懷故舊，不勝感慨之情，自然流露出來，可見莊、惠友誼的深厚。

（三）弟　子

　　根據《莊子》這本書的記載，莊子收有弟子數名，不過，只有藺且一人
的姓名，留傳至今。〈山木〉篇記載：

　　　　莊周遊乎雕陵之樊，睹一異鵲自南方來者，……莊周反入，三月不庭。
　　　　藺且從而問之：「夫子何為頃間甚不庭乎？」（〈山木〉篇，頁695～
　　　　697）

成玄英疏：

　　　　姓藺名且，莊子弟子。〔註19〕

此外，〈徐無鬼〉、〈列禦寇〉也記載有莊子與弟子的對話，只可惜那些弟子的
姓名，都不詳。

（四）妻與子

　　〈至樂〉篇記載：

　　　　莊子妻死，惠子弔之，莊子則方箕踞鼓盆而歌。惠子曰：「與人居長
　　　　子，老身死，不哭亦足矣；又鼓盆而歌，不亦甚乎！（〈至樂〉篇，
　　　　頁614）

王叔岷說：

　　　　莊子有妻，先莊子死。「長子老身」，謂養子而至衰老也。則莊子亦有子
　　　　矣。莊子之妻與子，蓋皆平平無可述者，故不復見於其他記載。〔註20〕

〔註18〕參閱前揭書，頁12～13。
〔註19〕見清郭慶藩輯的《莊子集釋》，頁697。河洛圖書出版社印行。
〔註20〕見王叔岷撰《莊學管闚》，頁6。

六、個　性

（一）反對機心，而重坦誠

〈天地〉篇記載：

子貢南遊於楚，反於晉，過漢陰，見一丈人方將爲圃畦，鑿隧而入井，抱甕而出灌，搰搰然用力甚多而見功寡。子貢曰：「有械於此，一日浸百畦，用力甚寡而見功多，夫子不欲乎？」爲圃者仰而視之曰：「奈何？」曰：「鑿木爲機，後重前輕，挈水若抽，數如洪湯，其名爲槔。」爲圃者忿然作色而笑曰：「吾聞之吾師：『有機械者必有機事，有機事者必有機心。』機心存於胸中，則純白不備；純白不備，則神生不定；神生不定者，道之所不載也。吾非不知，羞而不爲也。」子貢瞞然慚，俯而不對。（〈天地〉篇，頁 433～434）

（二）輕視富貴，而安貧居

〈山木〉篇記載：

莊子衣大布而補之，正廮係履而過魏王。魏王曰：「何先生之憊邪？」莊子曰：「貧也，非憊也。士有道德而不能行，憊也；衣弊履穿，貧也，非憊也；此所謂非遭時也。王獨不見夫騰猿乎？其得枏、梓、豫章也，攬蔓其枝，而王長其間，雖羿、蓬蒙不能睥睨也。及其得柘、棘、枳、枸之間也，危行側視，振動悼慄，此筋骨非有加急而不柔也，處勢不便，未足以逞其能也。今處昏上亂相之間，而欲無憊，奚可得邪？此比干之見剖心，微也夫！」（〈山木〉篇，頁 687～688）

《史記・老莊申韓列傳》記載：

楚威王聞莊周賢，使使厚幣迎之，許以爲相，莊周笑謂楚使者曰：「千金，重利；卿相，尊位也。子獨不見郊祭之犧牛乎？養食之數歲，衣以文繡，以入太廟。當是之時，雖欲爲孤豚，豈可得乎？子亟去，無污我。我寧遊戲汙瀆之中以自快，無爲有國者所羈，終身不仕，以快吾志焉！」〔註21〕

（三）重視感情，而不執著於感情

〈徐無鬼〉篇記載：

〔註21〕同註 11。

> 莊子送葬,過惠子之墓,顧謂從者曰:「郢人堊慢其鼻端若蠅翼,使匠石斲之。匠石運斤成風,聽而斲之,盡堊而鼻不傷,郢人立不失容。宋元君聞之,召匠石曰:『嘗試為寡人為之。』匠石曰:『臣則嘗能斲之。雖然,臣之質死久矣。』自夫子之死也,吾無以為質矣,吾無與言之矣。」(〈徐無鬼〉篇,頁 843)

〈至樂〉篇記載:

> 莊子妻死,惠子弔之,莊子則方箕踞鼓盆而歌。惠子曰:「與人居長子,老身死,不哭亦足矣,又鼓盆而歌,不亦甚乎!」莊子曰:「不然。是其始死也,我獨何能無概然!察其始而本無生,非徒無生也,而本無形,非徒無形也,而本無氣。雜乎芒芴之間,變而有氣,氣變而有形,形變而有生,今又變而之死,是相與為春秋冬夏四時行也。人且偃然寢於巨室,而我噭噭然隨而哭之,自以為不通乎命,故止也。」(〈至樂〉篇,頁 614～615)

第二節 莊子的著作

一、今本《莊子》三十三篇的形成

(一)《莊子》這本書的原始面目

《莊子》這本書,因莊周而有。根據史料的記載,莊周是與齊宣王、梁惠王同時的人。可見,《莊子》這本書的問世,不得早於戰國之時。在此,我們做個假想,如果說戰國之時,《莊子》這本書業已問世,那麼,當時候流行的《莊子》書的面目究竟如何?很遺憾的是,由於文獻的不足,我們殊難加以論斷。截至目前為止,最早提到《莊子》這本書的,以今日的史料來說,是太史公的史記。《史記・老莊申韓列傳》說:「莊子者,……著書十餘萬言,大抵率寓言也」。〔註22〕

太史公距離莊周之卒,已有兩百年。這兩百年之間,是否另有其它的版本之流傳,不得而知。現在,我們退一步想,假設太史公所見到的《莊子》書就是最早的版本,那麼,《莊子》這本書的原始面目應該是:

〔註22〕見司馬遷著《史記》,卷六十三,〈老莊申韓列傳〉第 3,頁 859,藝文印書館行。

1. 總字數有十餘萬字。
2. 沒有內外雜篇的分別。

（二）《漢志》五十二篇本

《漢書・藝文志・諸子略・道家》記載：

《莊子》五十二篇。〔註23〕

陸德明〈序錄〉說：

《漢書・藝文志》五十二篇，即司馬彪孟氏所注是也。〔註24〕

日人武內義雄說：

《漢志》所載《莊子》五十二篇，由內篇七、外篇二十八、雜篇十

四、解說三而成。〔註25〕

依照《釋文》及武內義雄的說法，《漢志》五十二篇本與今本《莊子》三十
三篇，在篇數上，除內篇同為七篇之外，《漢志》的外篇多出今本《莊子》
十二篇，雜篇多出三篇，至於解說三篇，則為今本所沒有。比較之下，《漢
志》五十二篇本共多出今本《莊子》十三篇。

至於校定《莊子》五十二篇本，且將它區分為內、外雜篇的究竟為誰？
根據張成秋的意見，是劉向父子二人。他說：

《漢志》曰：「書缺簡脫，禮壞樂崩，於是建藏書之策，置寫書之官，

下及諸子傳說，皆充秘府。」是知劉安門下所輯之莊子，當武帝元朔

五年頃（西元前124年），已充秘府。俞正燮曰：《漢志》五十二篇，

為淮南本所秘書讎校者。」武內義雄曰：「《漢志》所載《莊子》五十

二篇……乃淮南王門下士所傳，後入於秘書，而被校讎。」班固《漢

書・藝文志・序》曰：「成帝時，以書頗散亡，使謁者陳農求遺書於

天下，詔光祿大夫劉向校經傳、諸子、詩賦……每一書已，向輒條其

篇目，撮其旨意，錄而奏之。會向卒，哀帝復使向子侍中奉車都尉歆，

卒父業」。是以知《莊子》必經劉向父子之通盤整理。〔註26〕

（三）由五十二篇本演成今本三十三篇的過程

根據《釋文・敘錄》的記載，《莊子》這本書的版本變遷有五種：

〔註23〕本資料引自張成秋撰《莊子篇目考》，頁7。臺灣中華書局印行。
〔註24〕同註23。
〔註25〕同註23。
〔註26〕見前揭書，頁7。

1. 司馬彪《注文》：二十一卷，五十二篇。字紹統，河內人，晉秘書監。內篇七，外篇二十八，雜篇十四，解說三。爲音三卷。〔註27〕
2. 孟氏注本：十八卷，五十二篇，不詳何人。〔註28〕
3. 崔譔注本：十卷，二十七篇。清河人，晉議郎。內篇七，外篇二十。〔註29〕
4. 向秀注本：二十卷，二十六篇。一作二十七篇，一作二十八篇，亦無雜篇。爲音三卷。〔註30〕
5. 郭象注本：三十三卷，三十三篇。字子玄，河內人，晉太傅主簿。內篇七，外篇十五，雜篇十一，爲音三卷。〔註31〕

按：郭象注本，就是目前流行的本子，唯有不同的是，今本將三十三卷改成十卷。

茲就以上所提及的各注本，列表於下，以見出其異同：

注本名稱	卷數	總篇數	內篇	外篇	雜篇	解說	爲音
司馬彪注本	21	52	7	28	14	3	3
孟氏注本	18	52					
崔譔注本	10	27	7	20			
向秀注本	20	26 或 27、28					
郭象注本	33	33	7	15	11		3

按：由以上所列的各注本的篇目表，我們不難看出，司馬彪注本及孟氏注本可爲一類，他們兩本都是五十二篇，及從漢以來的舊本。崔譔注本及向秀注本爲一類，乃晉代刪定本。郭象注本爲一類，乃綜合了以上四種本子而成就出來的另外一種刪定本。這也就是目前所流行的《莊子》書的版本。至於司馬彪注本、孟氏注本、崔譔注本、向秀注本，則都已亡佚，不可復見了。

（四）小 結

綜觀本單元的論述，對於今本《莊子》三十三篇的形成，我們已能略有

〔註27〕本資料引自清郭慶藩輯的《莊子集釋》，頁4。河洛圖書出版社印行。
〔註28〕同註27。
〔註29〕同註27。
〔註30〕同註27。
〔註31〕同註27。

所知。從原始的十餘萬言，不分篇數起，經歷有內、外、雜篇的分別，計五十二篇，到了最後的共十卷，三十三篇，篇分內外雜，計六萬餘字，說明了《莊子》這本書，業已經過了各家的刪減、參校。那麼，參與其事的究竟有那些人呢？對於這個問題，《釋文·敘錄》說：

> 莊生宏才命世，辭趣華深，正言若反，故莫能暢其弘致。後人增足，漸失其眞。故郭子玄云：「一曲之才，妄竄奇説。若閼奕意修之首，危言游鳧子胥之篇，凡諸巧雜，十分有三。」《漢書·藝文志》《莊子》五十二篇，即司馬彪、孟氏所注是也。言多詭誕，或似《山海經》，或類占夢書，故注者以意去取。其內篇眾家並同，自餘或有外而無雜。唯子玄所注，特會莊生之旨，故爲世所貴。〔註32〕

張成秋說：

> 以字數論，史公云《莊子》原有十餘萬言，至五十二篇本《莊子》之書，已經劉向父子參校，或已不足此數，持以與今本六萬餘言相校，所缺者約爲十分之三。以篇數論，五十二篇去十分之三，亦約爲今本三十三篇之數也。〔註33〕

由此可見，今本《莊子》三十三篇的形成，係經過了劉向父子的參校，郭象及晉代注家的刪減，因此，在字數及篇數上，較諸太史公所看到的版本，都已有所不同了。

二、內、外、雜篇的一些問題

（一）內、外、雜篇分自何人？

內、外、雜篇分自何人？大抵有三種意見：

1. 不知出於何人，也不敢斷定出自莊子

馬其昶說：

> 《釋文》稱內篇眾家並同，自餘或有外無雜，余謂外雜二篇，皆以闡內七篇之義，其分篇次第，果出自莊子與否，殆不可考。其間皆不無羼益，以其傳久，故一仍之。〔註34〕

〔註32〕同註27。
〔註33〕見張成秋撰《莊子篇目考》，頁12。
〔註34〕見馬其昶著《莊子故序目》。

2. 訂自郭象

林尹說：

> 《漢書‧藝文志》，道家有《莊子》五十二篇，今所存者三十三篇，
> 共分內篇七，外篇十五，雜篇十一，蓋郭象之所訂也。〔註35〕

3. 訂自劉向

唐蘭說：

> 《莊子》內、外、雜篇之分，乃起於劉向刪除重複之時。〔註36〕

按：以上三種意見，以唐蘭的說法最為近理。當中的證據，張成秋曾一一舉
證說明之，他說：

（1）《莊子》五十二篇本，係由劉向編定

漢代典籍，統經劉向父子校訂。劉氏校訂之後，乃隨編《七略》。其後班
固，乃據之以為《漢書‧藝文志》焉。《隋書‧經籍志》云：「東觀及仁壽閣
集新書，校書郎班固，並依七略而為書部，固又編之以為《漢書‧藝文志》。」
是其證也。故劉氏編定本之《莊子》，與班《志》所載五十二篇之《莊子》，
實為二而一者也。

（2）《漢志》五十二篇本《莊子》，已分內外

陸德明《釋文‧敘錄》曰：「《漢書‧藝文志》五十二篇，即司馬彪、孟
氏所注是也。」今查陸德明所云：司馬彪、孟氏《莊子》，已分內、外、雜篇，
故《漢志》所載之《莊子》，亦必分內、外、雜也。

又，〈齊物論〉《釋文》引崔注云：「〈齊物〉七章，此連上章，而班固說
在外篇。」是《漢志》五十二篇本《莊子》之分為內、外、雜篇，此又一證
也。

《漢志》五十二篇《莊子》既分內、外，則其所本之劉向定本，自亦必
分內、外也。

（3）古書區分內外，皆起劉向。例如：

> ① 《晏子春秋》：劉向《敘錄》曰：「其書六編，皆合六經之義；又
> 有複重，文辭頗異，不復遺失，復列以為一篇；又有頗不合經術，
> 似非晏子言，疑後世辯士所為者，亦不取失，復以為一篇；凡八
> 篇。」向之合於經義者，即今之內篇；文辭頗異而不合經術者，

〔註35〕見林尹著《中國學術思想大綱》。
〔註36〕見唐蘭撰《老聃的姓名和時代考》。

即今之外篇也。

②《孟子》：《史記‧孟荀列傳》言七篇，《漢志》凡十一篇。東漢趙岐《孟子題辭》曰：「著書七篇，又有外書四篇，似非孟子本眞，後世依放而託也。」則《漢志》《孟子》已分內、外。《漢志》本諸《七略》，則《孟子》之分內、外，當亦起於劉向也。

③《淮南子》：《漢志》分《淮南》內三十一篇，外三十三篇。高誘《淮南‧敘》曰：「劉向校定撰具，名之《淮南》，又有十九篇者，謂之《淮南》外篇。」此明言《淮南》內、外，爲劉向所定也。〔註37〕

不過，在此必須特別提出來加以補充說明的是：今本《莊子》的分篇，已非劉向之舊，而是經過了魏晉之間的注家加以重新整理之後所呈現出來的新篇目，因此，我們也可以說，今本《莊子》的分篇，郭象是最後的考訂者。〔註38〕

（二）內、外、雜篇的分篇標準

關於內、外、雜篇的分篇標準，大抵有四種說法：

1. 沒有標準，隨意升降

葉國慶說：

> 吾們說內、外、雜篇的分別，是後人定的……試看某甲以這些爲外篇，某乙卻放入雜篇，某甲以爲這是內篇的，某乙卻以爲這是外篇的……今本《莊子》內、外、雜篇之區別，並不是絕對的標準。吾人若以此區別爲準，而品評其價值，便不可信了。〔註39〕

蔣伯潛說：

> 《釋文‧敘錄》謂崔向二本皆無雜篇，而《釋文》所引崔、向注音則並及雜篇，總計《釋文》引崔、向注音者，外篇凡二十，恰與崔本外篇二十篇之數符合。但按其篇名，如〈庚桑楚〉、〈徐無鬼〉、〈則陽〉、〈外物〉、〈寓言〉、〈盜跖〉、〈列禦寇〉八篇，今本《莊子》皆在雜篇中。而今本外篇之〈天道〉、〈刻意〉、〈田子方〉三篇，反不在內。今本雜篇，《釋文》不引崔、向注音者，僅〈讓王〉、〈說劍〉、〈漁父〉三篇而已。據此，則所謂崔、向注本無雜篇者，非謂二本中無今本《莊

〔註37〕見張成秋著《莊子篇目考》，頁22～24。
〔註38〕參閱前揭書，頁24。
〔註39〕見葉國慶著《莊子研究》。

子》所列之雜篇，乃謂二本不分外篇與雜篇耳。然則《莊子》之分外、
雜篇，乃由注家以意爲之，非本有此區別也。〔註40〕

王叔岷說：

郭本內、外、雜之區畫，蓋隨意升降。於舊有篇第，亦隨意分合，
即內篇先後次第，郭本亦有所顛倒。〔註41〕

2. 內篇為莊子高博之見，外、雜為周秦道家學者所作雜文，外、雜之分，又以文義及章法為準

顧頡剛說：

至內、外雜之分，標準亦不甚明，或竟爲漢人無聊之分別，如正變
風、正變雅之別而已。以莊子高博之見，發爲環瑋之詞，固眾之所
樂學，而周秦間游學論道之風盛，道家雜文輯而附於莊子之後，爲
外篇、雜篇。謂之不僞，則非莊子之書；謂之爲僞，則正古人言公
之旨焉。太史公爲莊子作傳，已稱〈漁父〉、〈盜跖〉、〈胠篋〉，此章
章然不相類者，猶在史遷之前，況求肖而與內篇相發明者，安得非
周末之書哉？〔註42〕

3. 內篇係先編成，外、雜為以後分次纂輯者

蔣伯潛說：

大抵內七篇，係第一次纂輯而成。其時去莊子未遠，較爲可靠。故
司馬彪、崔譔及今存郭象本，同爲七篇。外篇、雜篇，則是以後分
次纂輯，逐漸增附，故有祖述內篇者，亦有與內篇相矛盾者，有僅
爲短章雜綴集成一篇者，至多僅能謂爲莊子後學之說而已。〔註43〕

4. 內篇言「內聖」，外篇言「外王」，雜篇雜言「內聖外王」之道

王樹枏說：

其書內篇即「內聖」之道，外篇即「外王」之道，所謂「靜而聖，
動而王」也。雜篇者，雜述「內聖」「外王」之事，篇名爲意，猶今
人之雜記也。〔註44〕

〔註40〕見蔣伯潛著《諸子通考》。
〔註41〕見王叔岷著《莊子校釋》。
〔註42〕見顧頡剛著《古史辨》第一冊。
〔註43〕同註40。
〔註44〕本資料引自張成秋著《莊子篇目考》，頁26。

按：以上四種說法，以第二、三兩種說法，比較合理。第一種說法，有欠公允。因爲不論何人來區分內、外、雜篇，總會有個標準，不會像葉、蔣、王三氏所說的沒有標準，隨意升降。第四種說法，也未得其眞。主要原因，在於內篇中的〈應帝王〉所談論的正是「外王」之道，外篇中論「內聖」之道的地方更多。因此，第四種說法，也站不住腳。〔註45〕

（三）內、外、雜篇的作者問題

1. 內篇的作者問題

關於內七篇的作者，大抵有三種意見：

①莊周所作

劉成炘說：

> 大抵內篇似所自著，外、雜則師徒之說混焉，凡諸子之書皆然。莊徒編分內外，固已謹而可別矣。外、雜之非自著，不特文勢異，義之過放，亦可徵。大抵有徒之說，有徒述其言，有莊子述古事，故純駁當別。凡外、雜稱夫子曰，皆指莊子，昔人以爲老、孔，非也。王夫之、姚鼐皆疑外篇不出莊子，是不知諸子書不別師徒之說故也。凡其述老孔語，不盡寓言，必有所受；但著之竹帛，不無失眞，故文勢不似《老子》、《論語》。莊徒述莊，更不待論。又或述昔說而後加說，後人誤以加說爲昔語，又兼有夸尊莊道者，亦其徒所記。〔註46〕

胡哲敷說：

> 除內七篇確爲莊子手筆外，外篇、雜篇就有很多是莊子弟子，或莊子學派的學者所爲。〔註47〕

鄭瑗說：

> 竊意但其內七篇是莊氏本書，其外、雜等二十六篇，或是其徒所述，因以附之，然無可執據，未敢以爲然也。〔註48〕

蔣復璁說：

> 七篇之文，分之則篇明一義，合之則首尾相承。〈逍遙〉取譬於鯤鵬，以自贊其逍遙，若全書之總冒。〈齊物論〉泯是非而均物我，掃蕩一

〔註45〕參閱前揭書，頁26。
〔註46〕同註44。
〔註47〕見胡哲敷著《老莊哲學》。
〔註48〕見鄭瑗著《井觀瑣言》。

切，爲立論之前趨，或明養生之道，或論涉世之方，或著至德之符；其體維何？以大道爲宗師；其用維何？以帝王爲格致；所謂本末兼該，體用具足，以成一家之言者也。〔註49〕

②非莊周所著

王叔岷說：

至於外、雜篇，昔賢多疑爲僞作，然今本內、外、雜篇之名，實定於郭氏，則內篇未必盡可信，外、雜篇未必盡可疑。〔註50〕

③不肯定爲莊周所作，但也不加以否定

唐蘭說：

《莊子》分內、外、雜篇是劉向刪出重複的時候決定的。因此一般人認爲《莊子》內七篇是眞的《莊子》書，不過是承用了劉向的意見而已。其實並沒有內篇一定是眞，和外篇、雜篇一定是假的證據。
〔註51〕

顧頡剛說：

《莊子》的眞僞要去考明白它確是很難，因爲它的文字太「譎詭」了，不容易摸出一個頭緒來。〔註52〕

按：以上三種意見，以第一種意見爲最合理。因爲我們看《莊子》內七篇，可以說就是一個完整的思想體系，自〈逍遙遊〉以至〈應帝王〉，由至人無己到外則應帝而王，不論是內容，或是條理，都是一貫而成的。不過，值得一提的是，內七篇中，也有後人摻雜進去的片段文字，這是可以肯定的。〔註53〕

2. 外篇的作者問題

外篇的作者問題，較諸內七篇，可以說要複雜多了。茲依各篇的秩序，分述之如左：

〈駢拇〉、〈馬蹄〉

這兩篇文字一致，思想也相同，很像是一個人的作品。如〈駢拇〉篇說：

〔註49〕 本資料引自黃錦鋐註譯《新譯莊子讀本》，頁14。
〔註50〕 同註41。
〔註51〕 同註36。
〔註52〕 同註42。
〔註53〕 參閱黃錦鋐註譯《新譯莊子讀本》，頁13～14。

> 夫小惑易方，大惑易性。何以知其然邪？自虞氏招仁義以撓天下也，
> 天下莫不奔命於仁義。是非以仁義易其性與？故嘗試論之，自三代
> 以下者，天下莫不以物易其性矣。小人則以身殉利，士則以身殉名，
> 大夫則以身殉家，聖人則以身殉天下。故此數子者，事業不同，名
> 聲異號，其於傷性以身為殉，一也。（〈駢拇〉篇，頁323）

〈馬蹄〉篇說：

> 夫馬，陸居則食草飲水，喜則交頸相摩，怒則分背相踶。馬知已此
> 矣。夫加之以衡扼，齊之以月題，而馬知介倪、闉扼、鷙曼、詭銜、
> 竊轡。故馬之知而態至盜者，伯樂之罪也。（〈馬蹄〉篇，頁339）

按：〈駢拇〉、〈馬蹄〉兩篇所敘述的，都是不以外物傷害本性的思想，外物是
人為，本性則屬於天然。換句話說，也就是不以人害天。這種思想在內
七篇裏，到處可以找到，因此我們可以說，這兩篇文字，雖然不一定是
出於莊子之手，但是至少也和莊子有直接的關係。〔註54〕

〈胠篋〉、〈在宥〉

〈胠篋〉篇說：

> 故曰：「脣竭則齒寒，魯酒薄而邯鄲圍，聖人生而大盜起。」掊擊聖
> 人，縱舍盜賊，而天下始治矣！夫川竭而谷虛，丘夷而淵實。聖人
> 已死，則大盜不起，天下平而無故矣！（〈胠篋〉篇，頁346）

又說：

> 故曰：「魚不可脫於淵，國之利器不可以示人。」彼聖人者，天下之
> 利器也，非所以明天下也。故絕聖棄智，大盜乃止；擿玉毀珠，小
> 盜不起；焚符破璽，而民朴鄙；掊斗折衡，而民不爭；殫殘天下之
> 聖法，而民始可與論議。……（〈同上〉，頁353）

〈在宥〉篇說：

> 崔瞿問於老聃曰：「不治天下，安臧人心。」老聃曰：「汝慎無攖人
> 心，人心排下而進上，上下囚殺，淖約柔乎剛強。廉劌彫琢，其熱
> 焦火，其寒凝冰，其疾俛仰之間，而再撫四海之外，其居也淵而靜，
> 其動也縣而天。僨驕而不可係者，其唯人心乎。」……故曰：「絕聖
> 棄智，而天下大治。」（〈在宥〉篇，頁371～377）

〔註54〕參閱前揭書，頁15。

按：綜觀以上所徵引的資料，我們不難看出，〈胠篋〉、〈在宥〉這兩篇的思想，和莊子的思想不盡相同，並且都是在闡述《道德經》的思想。因此，這兩篇大概是老子學派的門人所作。不過，在此必須附加說明的是，〈在宥〉篇亦雜有與莊子思想相似的成分，同時也參有楚漢之間道家談避穀導引之術的思想在內，就前者而言，可能是出於莊子後學之手，就後者而言，可能是出於秦漢之間道家之徒，總之，〈在宥〉篇的作者問題是相當複雜的。〔註55〕

〈天地〉

林雲銘說：

〈天地〉篇，陸方壺云：「頭緒各別，不可串爲一章。」是有故焉。余細玩其中，如華封人、伯成子高、漢陰丈人數段，結構雖工，咀嚼無復餘味，疑爲好事者竄入。華封人一段義無著落，其詞頗近時趨，疑非莊叟眞筆。莊子之所以稱者，以其奇宕之氣，雋永之理，千古常新，愈熟愈妙也。伯成子高一段，如此淺率直遂，其何以爲莊子？噫！好事者爲之也。漢陰丈人一段，大類〈漁父〉篇意，其文絕無停蓄蘊藉，中間又有紕繆之語，爲後人竄入無疑。〔註56〕

姚鼐說：

上僊是秦以後人語。〔註57〕

羅根澤說：

本篇是漢初右派道家所作。〔註58〕

按：以上三家的說法是很正確的，不過，就作者的身分來說，恐怕還是漢初的儒者吧！因爲漢代儒者，大部分爲學不純，兼修雜學，因此，〈天地〉篇思想混雜，本不足怪。〔註59〕

〈天道〉

胡文英說：

〈天道〉篇首段亦有議論精鑿處，而太覺平妥，絕無騰挪撒脫之勢，

〔註55〕參閱前揭書，頁16～17。
〔註56〕見林雲銘著《莊子因》。
〔註57〕見姚鼐著《莊子章義》。
〔註58〕見羅根澤著《諸子考索》。
〔註59〕參閱黃錦鋐註譯《新譯莊子讀本》，頁18。

又無離奇天矯之句，贋作也。〔註60〕

姚鼐說：

> 素王十二經是漢人語，孔子藏書，亦漢人語。藏書者，謂聖人知有
> 秦火，而預藏之。所謂藏之名山也。〔註61〕

按：二氏的說法頗中肯，因此，本篇說是漢初人的作品，是可以相信的。

〈天運〉

林雲銘說：

> 其中孔子見聃而語仁義一段，爲贋手參入，此段細閱，無甚意味，
> 且旨多背馳，詞多膚淺。〔註62〕

蔣復璁說：

> 天道天運諸篇，痛斥名色形聲之末，以孝弟貞廉爲不足多，而汲汲
> 於安其性命。天道之所謂糟粕，此篇之所謂芻狗，皆是此意，存之
> 未嘗不足以反鑑儒家之教，而儆其夫邁，謂之爲莊子之義則不然，
> 詩書禮樂古祇謂之六藝，何嘗謂之六經哉？〔註63〕

黃錦鋐說：

> 本篇是漢初的作品。〔註64〕

按：天運篇非莊周自著，而是出於漢初的儒家或道家之手筆。

〈刻意〉、〈繕性〉

王夫之說：

> 此篇〈繕性〉篇與〈刻意〉之旨略同，其言恬知交養有合於莊子之
> 旨，而語多雜亂，前後不相侔，且其要歸不以軒冕爲志，而嘆有道
> 之人不興而隱處，則莊子雖非無其情，固不屑言此以自隘，蓋不得
> 志於時者之所假託也。〔註65〕

黃錦鋐說：

> 這兩篇可能都是秦末漢初養生之士的作品。〔註66〕

〔註60〕見胡文英著《莊子獨見》。
〔註61〕同註57。
〔註62〕同註56。
〔註63〕同註49，頁18～19。
〔註64〕參閱黃錦鋐註譯《新譯莊子讀本》，頁19。
〔註65〕見王夫之著《莊子解》。
〔註66〕同註49，頁20。

按：〈刻意〉、〈繕性〉這兩篇文情相類，篇幅簡短也相同。就內容說，有些思
想看來與莊子的思想相合，而事實上卻不一致，如〈刻意〉篇所說的：「吹
呴呼吸，吐故納新，熊經鳥申，爲壽而已矣，此道引之士，養形之人，
彭祖壽考之所爲也。」這與莊子所說的養神，自表面上來看，似乎一致，
其實，卻不一樣，因爲莊子所講的是無形的養生，不是什麼「吐故納新，
熊經鳥申」的有形的養生。又如〈繕性〉篇之所謂「文滅質，博溺心，
然後民始惑亂，無以反其性情而復其初」一段，和莊子「全性保眞，不
以物累形」的說法，看似相同，但其本質上和莊子思想還是有距離的。
莊子之所謂「全性保眞」是隨順自然，而本篇的口吻，則是有心而爲之，
這是秦漢之間道引之士的思想。因此，這兩篇應如黃錦鋐所說的：

可能都是秦末漢初養生之士的作品。〔註67〕

〈秋水〉

林雲銘說：

〈秋水〉篇大意自內篇〈齊物論〉脫化出來，立解創闢，既踞絕頂
山巔，運詞變化，復擅天然神斧，此千古有數文字，開後人無數法
門。但其中孔子遊匡、公孫龍問魏牟二段，意頗淺膚，疑爲贋作。
遊匡二段，「諱窮求通」等語，以擬聖人之言，恐覺不似；且筆頗平
庸，非莊所作。公孫龍一段無甚深旨，莊叟亦無貶人自譽至此，恐
後人筆。〔註68〕

胡文英說：

〈秋水〉篇遊匡一段，筆力柔弱，似《家語》、《孔叢》光景。魏
牟一段，亦因河伯問答之意而類記之。公子牟口中寫照，純是札
實本領，著實境界，局外人那得窺其閫奧。惠子想梁一段，莊子
於惠子最厚，既不宜有此種相疑情事，而腐鼠之喻，亦大覺刻薄
露相，疑爲贋手所竄。〔註69〕

王夫之說：

此篇因〈逍遙遊〉、〈齊物論〉而衍之。〔註70〕

〔註67〕參閱黃錦鋐註譯《新譯莊子讀本》，頁19～20。
〔註68〕同註56。
〔註69〕同註60。
〔註70〕同註65。

胡遠濬說：

　　此與〈齊物論〉篇相發。〔註71〕

莊萬壽說：

　　至若公孫龍問魏牟一章，亦後人之筆，蓋莊子未及見公孫龍也。末
　　三章稱莊惠曰子，亦弟子所作也。〔註72〕

按：〈秋水〉篇的作者，大概是秦漢間的學莊者。這可以從下列三個理由裏，
得到印證：

1. 本篇的思想與〈齊物論〉篇的思想有繼承的關係。

2. 不過，本篇的寫作方式，與〈齊物論〉篇不同。〈齊物論〉的寫作方式
　　是先提出一個假設來說明真理，然後再把假設一齊推翻。而本篇的寫
　　作方式，卻有邏輯的推理和辯護。

3. 就本篇中所提及的人物，如公孫龍、魏牟及之噲讓國之事，在年代上，
　　都有問題。根據梁啓超的推論，公孫龍和莊子相差五十多歲，雖然可
　　以相見，但畢竟是莊子的晚輩，而本篇記載公孫龍和魏牟的談話，年
　　代會更後些，不應同時出現。又本篇對於之噲讓國之事稱為「昔者」，
　　可見作者距之噲讓國應有相當的年代，而之噲則與莊子同時，可見本
　　篇作者更在莊子之後。〔註73〕

〈至樂〉

王夫之說：

　　〈至樂〉之旨，以死為大樂，蓋異端偏劣之教，莊子不屑此。莊子
　　曰：「奚暇悅生而惡死」，言無暇也，非以生為不可悅，死為不可惡，
　　尤非以悅生惡死為宗，哀樂不入其中，彼固有所存在也。此篇以死
　　為大樂，蓋學老莊掠其膚說生狂躁之心者，所假托也，文亦庸沓無
　　生氣。〔註74〕

林雲銘說：

　　〈至樂〉篇鼓盆、支離叔、空髑髏、百歲髑髏四段，理解精闢，得
　　未曾有，可上擬〈大宗師〉篇內子祀、子桑戶、孟孫才三段，但議

〔註71〕見胡遠濬著《莊子詮詁》。
〔註72〕見莊萬壽著《莊子學術》。
〔註73〕參閱黃錦鋐註譯《新譯莊子讀本》，頁 20～21。
〔註74〕同註65。

論稍遜耳。細玩應入〈秋水〉篇中，以爲生而不悅，死而不禍的樣子。疑散佚之後，好事者遂撰出此篇首段，因而攙擬其中。此猶可置勿論，但忽添出顏淵東之齊一段，與上下文絕不相蒙，其文之庸弱不堪，醜態備見，爲可憾耳。彼贋作者，不覺自欺欺人。〔註75〕

胡文英說：

〈至樂〉篇顏淵東之齊一段，筆意平庸，贋作也。〔註76〕

按：本篇思想雖然有與莊子思想相似的，不過，也有與莊子思想不一致的。如本篇認爲「人死後無君於上，無臣於下，亦無四時之事，從然以天地爲春秋，雖南面王樂，不能過之。」這種以死爲快樂，與莊子的思想「哀樂不入於胸次」，顯然是不一樣的，可見本篇的作者，決不是莊子本身。那麼到底是出於何人之手呢？恐怕很難妄下定論。

〈達生〉

歸有光說：

與〈養生主〉篇相發。〔註77〕

王夫之說：

〈達生〉於諸外篇尤爲深至，于〈養生主〉，〈大宗師〉之説，獨得其要歸，文詞深邃，足達微玄。雖或不出莊子之手，要得莊子之眞者所述也。〔註78〕

嚴靈峰說：

〈達生〉全篇，除首段純爲說理外，自「子列子問關尹」章以下皆故事、寓言，且見列子書。考列子目錄，《楊朱》第七注：「一曰〈達生〉」疑編《莊子》者誤將《列子》〈達生〉一篇混入《莊子》書也。〔註79〕

姚際恒說：

實《列子》用《莊子》也。莊子之書，洸洋自恣，獨有千古，豈蹈襲人作者？其文舒徐曼衍中仍寓拗折奇變，不可方物，列子則明媚近人，氣脈降矣。〔註80〕

〔註75〕同註56。
〔註76〕同註60。
〔註77〕見歸有光著《南華眞經詳註》。
〔註78〕同註65。
〔註79〕見歸有光著《南華眞經詳註》。
〔註80〕見姚際恒著《古今僞書考》。

按：本篇的主旨，在於推演〈養生主〉的內容，說明養生的方法，與莊子思想幾乎吻合。因此，本文的作者雖然不一定就莊子，但必是莊子的弟子或後學所作。

〈山木〉

林希逸說：

此篇所論全身免患之道，最爲詳悉，正好與內篇〈人間世〉參看，其要只在虛己順時，而去其自賢之心。〔註81〕

王夫之說：

引〈人間世〉之旨，而雜引以明之。〔註82〕

陸樹芝說：

此篇言處世之道，與內篇〈人間世〉互相發明。〔註83〕

蘇輿說：

此亦莊徒所記，旨同於〈人間世〉，處濁避患害之術也。〔註84〕

姚鼐說：

與〈人間世〉同旨。〔註85〕

羅根澤說：

莊子之處世，雖主虛己順人，而究竟是唯我中心論者，此種意思，深蘊在內篇，尤其〈人間世〉。今〈山木篇〉更鮮明的說，應當「浮遊乎萬物之祖，物物而不物於物」，處處都是推衍莊生之意，而較莊子益周密詳明，所以不是莊子所作，也不是莊子無關者所作，而是莊子弟子或其後所作。〔註86〕

莊萬壽說：

本篇稱莊子者，非周自作也。首章且曰：「弟子志之」，明謂弟子所志也。「莊周遊乎雕陵」，直舉周名及弟子藺且，亦當後人所作。〔註87〕

按：〈山木〉篇歷來各家大都認爲是推闡〈人間世〉篇的作品。從思想上來看，

〔註81〕見林希逸著《莊子口義》。
〔註82〕同註65。
〔註83〕見陸樹芝著《莊子雪》。
〔註84〕本資料引自張成秋著《莊子篇目考》，頁115。
〔註85〕同註57。
〔註86〕同註58。
〔註87〕同註72。

這是非常明顯的。因此，本篇的作者應該是莊的弟子。

〈田子方〉

林希逸說：

此篇多有精密之語，正好與內篇〈大宗師〉參看。〔註88〕

王夫之說：

此篇以忘言為宗，其要則〈齊物論〉照之以天者是也。〔註89〕

胡文英說：

〈田子方〉篇魯哀公一段，解者以為尊孔之至，固已；然論文須看筆力，如此篇之平近無奇，洵屬贋手竄入。〔註90〕

甲子方魯哀公、宋元君、臧丈人三段，語氣不屬，立義亦淺，非南華手筆無疑。〔註91〕

羅根澤說：

在〈齊物論〉裏說的話很含混，同時也很概括；此篇的作者，恐人對這種含混而概括的說話，不易得到具體的概念……又加分析。〔註92〕

唐蘭說：

〈田子方〉孔子見老聃一章，孔子稱老聃為先生，亦可疑。〔註93〕

胡遠濬說：

夫凡之亡以下，莊子之詞。〔註94〕

按：本篇的內容頗為複雜，它固然有與〈齊物論〉相同的思想，不過，在所引的人物的時代上，卻有問題，如「莊子見魯哀公」一段，魯哀公卒於公元前 468 年，下距莊子之生有百多年，根本就不可能相見。又「溫伯雪子適齊」一段，《呂氏春秋》〈精喻〉篇也有記載，不過，文字較為簡略，同時，把子路當作子貢。因此，本篇的作者，恐怕是秦漢間的學莊者。又篇中或稱孔子為夫子，恐又再經漢人所輯補而成。總之，本篇內

〔註88〕同註81。
〔註89〕同註65。
〔註90〕同註60。
〔註91〕同註56。
〔註92〕同註58。
〔註93〕同註36。
〔註94〕同註71。

容複雜，經過多人輯補而成，是不會有什麼問題的。〔註95〕

〈知北遊〉

王夫之說：

> 此篇衍自然之旨。……其說亦自〈大宗師〉來，與內篇相爲發明。
>
> 〔註96〕

姚鼐說：

> 與〈大宗師〉同旨。〔註97〕

羅根澤以本篇爲老子派所作，其所舉之理由爲：

1. 老子書後人名之曰《道德經》，道德二字，頗能符老子之名，而本篇言及道德二字。
2. 莊子內篇無賢字，對「知」亦不甚反對，此篇與老子皆反對賢知。
3. 故曰多引老子書。
4. 先秦各家鮮論「有」、「無」，獨老子爲多，此篇亦然。
5. 本篇有莊子派思想，乃是老子一派後學吸收莊子之說。
6. 本篇聖人觀與老子同。
7. 已受莊子影響，故爲戰國末期作品。〔註98〕

按：本篇可以確定是作於戰國末期。羅氏認爲是老子派學者所作，則不盡然。主要原因，在於莊子思想本有與老子思想相接近的地方，如老子有道無所不在的思想，莊子亦有，因此，決不能根據以上的理由，便指出本篇是出於老子派的學者。那麼本篇究竟出於何人？個人以爲，倒不如說是出於莊子後學更恰當些。〔註99〕

3. 雜篇的作者問題

與內篇的作者問題一樣，雜篇的作者問題也是很複雜的。茲依各篇的秩序，分述之於下：

〈庚桑楚〉

羅根澤說：

〔註95〕參閱黃錦鋐註譯《新譯莊子讀本》，頁22～23。
〔註96〕同註65。
〔註97〕同註57。
〔註98〕同註58。
〔註99〕參閱黃錦鋐註譯《新譯莊子讀本》，頁23。

〈庚桑楚〉篇首，〈庚桑楚〉偏得老聃之道，是此篇爲老子一派後學所作。〔註100〕

胡遠濬說：

此與〈逍遙遊〉篇相發。〔註101〕

黃錦鋐說：

〈庚桑楚〉篇羅根澤先生也認爲是老子派所作，不過其中受莊子思想的影響罷了。近人則以爲是莊子後學的作品。根據内容來看，雖然也有和莊子思想相通的地方，如「道通爲一，其分也成也，其成也毀也。」「古之人其知有所至矣，惡乎至，有以爲未始有物者，至矣、盡矣，弗可以加矣，其次以爲有物矣」等句見於〈齊物論〉。「以無有爲首，以生爲脊，以死爲尻，孰知死生存亡之一體者，吾與之爲友矣。」語意見於〈大宗師〉篇。「是蜩與學鳩，同於同也。」語意見〈逍遙遊〉篇。但這些並不足說明是莊子後學的作品。因爲拼湊内篇文字以成文，正可證明不是莊子學派之所爲。而在全文結構上也是以老子爲主體。羅根澤先生認爲是老子學派的作品，大致是可以相信的。〔註102〕

按：以上三家說法，以黃錦鋐的說法，最爲合理、周詳。恰好可以彌補羅、胡二氏的說法之不足。

〈徐無鬼〉

莊萬壽說：

徐無鬼見魏武侯一章，所謂「偃兵」、「殺人之士民，兼人之土地」疑係戰國末季所作。莊子與惠子論射，及莊子過惠子之墓二章，既曰子，自是後人所作。秉不知何人，若爲公孫龍，則龍不及見周，亦爲後人托作。管仲有病事，未見傳，但見於《管子‧戒》篇、《呂覽‧貴公》篇、《列子‧說符》篇及《史記‧齊世家》，疑皆本諸本章，則亦戰國末之作也。南伯子綦隱几而坐章，係衍〈齊物論〉者。仲尼之楚，孫叔敖執爵而立章，《釋文》曰：「《左傳》孫叔敖是楚莊王相，孔子朱生，蓋寄言也。」則亦後世僞託。句踐棲於會稽一章：「故曰：目有

〔註100〕同註58。
〔註101〕同註71。
〔註102〕參閱黃錦鋐註譯《新譯莊子讀本》，頁24。

所適，鶴脛有所節，解之也悲」，乃本於〈駢拇〉。〔註103〕

張成秋說：

此篇決爲莊子弟子或後人所作，皆道家言也。其中有近老者，有近莊者，亦有近乎法家權謀之變者。〔註104〕

按：本篇可以說是道家的雜俎。〔註105〕

〈則陽〉

羅根澤以爲本篇乃老莊混合派的作品。羅氏將本篇中同於老子者與同於莊子者，析之如下：

1. 同於老子者：

①採老聃之言以立論，如「榮辱立然後睹所病，貨財聚然後睹所爭……古之君人者，以得爲在民，以失爲在己……」

②篇中有「無爲」、「無爲而無不爲」、「有名」、「無名」之語，皆本諸老子。

2. 同於莊子者：

①「冉相氏得其環中以隨成」一段，乃莊子主張。

②「人皆尊其知之所知，而莫知恃其知之所不知而後知，可不謂大惑乎！」乃由〈大宗師〉之「知人之所爲者，以其知之所知以養其知之所不知，終其天年，而不中道夭者，是知之盛也。」推闡而來。〔註106〕

按：羅氏的說詞甚爲合理，足可採信。

〈外物〉

朱得之說：

〈外物〉貸粟一段，乃後世傳聞其事而擬爲之者。發冢一段，亦非莊子時事。〔註107〕

林雲銘說：

〈外物〉篇指出修眞實際，開後世坎離鉛汞之說，精鑿奇創，讀之

〔註103〕同註72。
〔註104〕見張成秋著《莊子篇目考》。
〔註105〕同註102。
〔註106〕同註58。
〔註107〕見朱得之著《莊子通義》。

惟恐其盡。但貸粟、釣魚、發冢三段，文詞既淺，意義亦乖，疑爲擬莊子攙擬其內。〔註108〕

胡文英說：

〈外物〉篇貸粟一段，意味平淺，非漆園手筆。釣魚一段，用筆略有起色，然亦淺薄。〔註109〕

莊萬壽說：

自本與木相摩則然以下，全是陰陽五行之言，疑是方士文筆。莊周貸粟一章，曰「莊周」者，非莊周自作也。儒以詩禮發冢一章，疑是秦焚書坑儒以後之作品。宋元君一章，疑是錯簡，爲〈田子方〉篇以前者所移來。惠子謂莊子一章，申無用之用也，疑爲莊子後學所作。〔註110〕

按：綜觀以上各家意見，我們不難發現，本篇作品的內容相當複雜，殊難斷定是出於何人之手，唯一可以肯定的是：本篇決非出於莊周之手。

〈寓言〉

王夫之說：

此篇與〈天下〉篇乃全書之序例；古人文字，序例即列篇中，漢人猶然……〔註111〕

唐蘭說：

〈寓言〉陽子居南子沛一章，雖無證可明其爲僞，但十六條中，祇有此條及其它三處（在〈天運〉及〈庚桑楚〉變老聃爲老子，究屬可疑。〔註112〕

莊萬壽說：

〈寓言〉篇自「莊子謂惠子」以上，乃是莊子後學申論〈天下〉篇莊子學術中之「以巵言爲曼衍，以重言爲眞，以寓言爲廣」之語，出於一人之乎。以下發明莊子思想，惟數事雜列，非一人之作也。〔註113〕

按：〈寓言〉篇可以說是眞僞參半。本篇的第一段是出於莊子之手，此外，可

〔註108〕同註56。
〔註109〕同註60。
〔註110〕同註72。
〔註111〕同註65。
〔註112〕同註36。
〔註113〕同註72。

以說是莊子後學之所作。

〈讓王〉、〈盜跖〉、〈說劍〉、〈漁父〉

蘇東坡說：

> 按《史記》：莊子著書……以詆訾孔子之徒，以明老子之術，此知莊子
> 之粗者。余以爲莊子蓋助孔子者，要不可以爲法耳。楚公子微服出亡，
> 而門者難之，其僕捆箠而罵曰，隸也不力，門者出之。事固有倒行而
> 逆施者，以僕爲不愛公子，則不可，以爲事公子之法，亦不可。……
> 故莊子之言，皆實予而文不予，陽擠而陰助之。其正言蓋無幾，至於
> 詆訾孔子，未嘗不微見其意。其論天下道術，自墨翟禽滑釐、彭蒙、
> 慎到、田駢、關尹、老聃之徒，以至於其身，皆以爲一家，而孔子不
> 與，其尊之也至矣。然予嘗疑〈盜跖〉、〈漁父〉則若眞詆孔子者。至
> 於〈讓王〉、〈說劍〉，皆淺陋不入於道。反復觀之，得其寓言之意，終
> 曰：「陽子居西遊於秦，遇老子……其返也，舍者與之爭席矣。」去其
> 〈讓王〉、〈說劍〉、〈盜跖〉、〈漁父〉四篇，以合於〈列禦寇〉之篇曰：
> 「〈列禦寇〉之齊，中道而返曰：「吾驚焉，吾食於十漿，而五漿先饋。」
> 然後悟而笑曰：是固一章也。莊子之言未終，而昧者勦之以入其言。
> 予不可以不辯。凡分章名篇，皆出於世俗，非莊子本意。〔註114〕

朱熹說：

> 蘇子由古史中，論此數篇決非莊子書，乃後人截斷本文攙入，此其
> 考據甚精密。〔註115〕

宋濂說：

> 〈盜跖〉、〈漁父〉、〈讓王〉、〈說劍〉諸篇不類前後文，疑後人所勦
> 入。〔註116〕

王夫之說：

> 〈讓王〉以下四篇，自蘇子瞻以來，人辨其爲贗作，觀其文詞，粗
> 鄙狠戾，眞所謂息以喉而出言若哇者。〔註117〕

鄭瑗說：

〔註114〕同註44，頁 144～145。
〔註115〕同註114。
〔註116〕同註114。
〔註117〕同註65。

古史謂《莊子》、〈讓王〉、〈盜跖〉、〈說劍〉諸篇，皆後人攙入者，

今考其文字體製信然。〔註118〕

胡適說：

至於〈讓王〉、〈說劍〉、〈盜跖〉、〈漁父〉諸篇，文筆極劣，全屬假

託。〔註119〕

兒島獻吉郎說：

至於〈漁父〉篇及〈盜跖〉篇，罵倒孔子者，固西漢以後尚老莊者

所假託，決非莊子真筆。〔註120〕

按：這四篇自蘇東坡以來，大都認爲不是出於莊子之手，大概是可以相信的。

至於四篇的作者，大概是戰國末年的莊子的後學之徒吧！〔註121〕

〈列禦寇〉

莊萬壽說：

本篇十章，蒐自不同來源之資料，故思想頗不一致。首章「〈列禦寇〉

之齊」，又見於《列子‧黃帝》篇；章末「巧者勞而知者憂……虛而

遨遊者也」五句，義不相貫，爲《列子》所無，疑《列子》抄《莊子》

時，尚無此五句，乃後人所補綴也。「聖人安其所安」及「曹商使秦」、

「人有見未王者」、「或聘於莊子」、「莊子將死」諸章皆謂莊子，則非

周自著明矣。〔註122〕

黃錦鋐說：

〈列禦寇〉篇分段的情形更爲複雜，當然都是莊子後學的佚文，經

漢人編綴成的。〔註123〕

按：〈列禦寇〉篇不是出於莊子之手，它可能是出於莊子的後學之手，再經漢

人的編綴而成的。

〈天下〉

〈天下〉篇的作者問題，是《莊子》三十三篇裏，遭致後世議論最多，

〔註118〕同註48。

〔註119〕見胡適著《中國哲學史大綱》。

〔註120〕同註114。

〔註121〕參閱黃錦鋐註譯《新譯莊子讀本》，頁25。

〔註122〕同註72。

〔註123〕同註121。

迄今尙無法解決的問題。根據個人手上所擁有的資料，關於〈天下〉篇的作者之意見，大抵有九種：

1. 莊子所作的

郭象說：

> 莊子通以平意說己，與說他人無異也。

又說：

> 昔余未覽莊子，嘗聞論者爭夫尺捶連環之意，而皆云莊生之言也，遂以莊生爲辯者之流，按此篇較評諸子。至於此章，則曰其道舛駁，其言不中，乃知道聽塗說之傷實也。〔註124〕

陸德明說：

> 子玄之註，論其大體，眞可謂得莊生之旨矣。莊子振徽音於七篇，列斯文於後世，重言盡涉玄之路，從事發有辭之敘，雖談無貴辯，而教無虛唱。然其文易覽，其趣難窺，造懷而未達者，有過理之嫌。袪斯之弊，故大舉惠子之宏辯也。〔註125〕

林希逸說：

> 《莊子》於末篇序言今古之學問，亦猶《孟子》聞知見知也。自天下之治方術者多矣至於道術將爲天下裂，分明是一個冒頭，既總序了方隨家數言之，以其書自列於家數之中，而鄒魯之學乃舖述於總序之內，則此老之心亦以其所著之書，皆矯激一偏之言，未嘗不知聖門爲正也。〔註126〕

羅勉道說：

> 《莊子》固自奇其文。

又說：

> 《莊子》即老聃之學，前既贊老聃爲博大眞人，則《莊子》復何言哉！故末一段只說著書事。〔註127〕

褚伯秀說：

> 此段南華首於論化，次則述所言所行。〔註128〕

〔註124〕本資料引自黃錦鋐註譯《新譯莊子讀本》。
〔註125〕同註124。
〔註126〕同上。
〔註127〕同上。
〔註128〕同上。

又說：

> 敘莊其論天下古今道術備矣，繼之以自敘，明其學出於老耼也。

〔註129〕

呂惠卿說：

> 夫莊子之所體者，獨與天地精神往來而不傲倪於萬物，故其言亦然。

〔註130〕

劉概說：

> 莊子之時，去聖已遠，道德仁義裂於楊墨，無爲清靜墜於田彭，於
> 是宋鈃、尹文之徒聞風而肆，莊子思欲復仲尼之道，而非仲尼之時，
> 遂高言至道，以矯天下之卑，無爲復朴，以絕天下之華，清虛寂寞
> 仍極天下之濁，謂約言不足以解弊，故曼衍而無家，謂莊語不足以
> 喻俗，故荒唐而無崖，其言好尊老耼而下仲尼，至論百家之學，則
> 仲尼不與焉，蓋謂道非集大成之時，則雖博大眞人猶在一曲，老耼
> 一書得吾之本，故調適而上遂，惠子之書，得吾之末，末見一曲而
> 已，嗚呼，諸子之書，曷嘗不尊仲尼哉，知其所以尊者，莫如莊子，
> 學者致知於言外可也。〔註131〕

王安石說：

> 先六經而後各家，莊子豈鄙儒哉！〔註132〕

又說：

> 墨子之心則是，其行則非，推莊子之心以求其行，則獨何異於墨子
> 哉！後之讀《莊子》者，善其爲書之心，非其爲書之說，則可謂善
> 讀矣。此亦莊子之所願於後世之讀其書者也。〔註133〕

林疑獨說：

> 莊子立言，矯時之弊，自知不免謬悠、荒唐，是以列於諸子聞風之
> 後，恣縱所言。〔註134〕

李元卓說：

〔註129〕同上。
〔註130〕同上。
〔註131〕同上。
〔註132〕同上。
〔註133〕同上。
〔註134〕同上。

莊周之書，卒於是篇，深包大道之本，力排自家之敝，而終以繆悠之說，無津涯之辭，自列於數子之末，深抵其著書之趣，以聖人天下後世，孰謂周蔽於天而爲一曲之士。〔註135〕

王雱說：

夫聖人之道，不欲散，散則外，外則雜，雜則道德不一於天下矣，此莊子因而作〈天下〉篇。〔註136〕

蘇洵說：

序古今之學問，猶孟子末篇意，自列其書於數家中，而序鄒魯於總序前，便見學問本來甚正。〔註137〕

陸西星說：

〈天下〉篇莊子後序也，列敘古今道術淵源所自，而以己意承之。即《孟子》終篇之意。〔註138〕

焦竑說：

凡莊生之所述，豈特墨翟禽滑釐以來爲近於道，即惠施之言，亦有似焉者也。劉辰翁所謂唯愛之，故病之，而不知者以爲疾也，毀人以自全也，非莊子也。〔註139〕

胡文英說：

〈天下〉篇筆力雄奮奇幻，環曲萬端，有外雜篇之所不能及者，莊叟而外，安得復有此驚天破石之才？〔註140〕

王闓運說：

〈天下〉篇者，蓋莊子自敘，後人移之書後也。〔註141〕

陸樹芝說：

〈天下〉篇莊子自序南華所由作也，或訂莊者之所爲，然非莊子不能道也。〔註142〕

馬驌說：

〔註135〕同上。
〔註136〕同上。
〔註137〕同上。
〔註138〕同上。
〔註139〕同上。
〔註140〕同上。
〔註141〕同上。
〔註142〕同上。

此自序也，諸篇多寓言，而此獨爲莊語。〔註143〕

王夫之說：

系此於篇終者，與《孟子》七篇末舉狂獧鄉愿之異，而歷述先聖以來至於已之淵源及史遷序列九家之說同，古人撰述之體然也。

〔註144〕

姚鼐說：

此篇乃莊子後序，其意以百家之爲粗，唯墨子、宋鈃、彭蒙之徒稍近於道。〔註145〕

宣穎說：

一部大書之後，作此洋洋大篇，以爲收尾，如《史記》之有自序一般。〔註146〕

錢其博說：

內聖外王之道，莊子所以自名其學，「內聖外王」而未造其極者，莊周之自敘是也。〔註147〕

張默生說：

〈寓言〉和〈天下〉兩篇，一是莊子著書的凡例，一是《莊子》全書的後序。〔註148〕

又說：

大概《莊子》的內七篇，前人都認爲是莊周所作。〈天下〉篇又極似內篇文體的構造。〔註149〕

何敬群說：

〈天下〉篇，莊子自明學術之所本，著書宗旨之所在，及其與天下方術之所以不同者，故陸長庚、林西仲均以爲莊子爲其書所作之後序。〔註150〕

蔣錫昌說：

〔註143〕同上。
〔註144〕同上。
〔註145〕同上。
〔註146〕同上。
〔註147〕同上。
〔註148〕同上。
〔註149〕同上。
〔註150〕同上。

「方術」者，乃莊子指曲士一察之道而言。〔註151〕

又說：

此莊子自謂於應化解物之理，未能詳舉，於應化解物之來，亦末蛻遇，故終覓生命化解之道，有所芒昧未盡，此則不得不於評論諸子之後，自向讀者先愧者也。〔註152〕

吳康說：

〈天下〉篇爲《莊子》全書後序，校量眾家得失，爰及己說，皆斟酌偏全，深達理要。〔註153〕

梁啓超說：

古人著書，〈敍錄〉皆在全書之末，如《淮南子‧要略》，《太史公‧自序》，《漢書‧敍傳》，其顯例也，〈天下篇〉即《莊子》全書之自序。〔註154〕

2. 莊子或其私淑弟子所作的

張成秋說：

〈天下〉篇作者，必非儒家，更非荀派學者，其思想與南華學說絕不扞挌，且有極密切之關係，況其評論百家之說，列莊子於段後，又推崇道家學術，而特重漆園，種種理由，可見本篇作者，非莊叟本人，即爲其私淑弟子。〔註155〕

3. 郭象所作的

孫道昇說：

〈天下〉篇的作者，就是《莊子注》的郭象，〈天下〉篇乃是郭象爲他自己所刪定的莊子所作的後序。〔註156〕

4. 門人後學所作的

郎擎霄說：

〈天下〉篇迺一絕妙之後序，殆於門人後學所爲，衡量諸宗，錙銖

〔註151〕同上。
〔註152〕同上。
〔註153〕同上。
〔註154〕同上。
〔註155〕同上。
〔註156〕同上。

悉稱，言周季道術之源流者所不能廢也。〔註157〕

陳壽昌說：

> 此為南華全部後敘，上下古今，光芒萬丈，以文妙論，自是得漆園
> 之火傳者。〔註158〕

戴君仁說：

> 〈天下〉篇雖非莊周自作，是莊學之徒所為。〔註159〕

5. 荀子或其門人後學得自荀卿傳授所作的

嚴靈峰在其著作論〈莊子天下篇非莊周所自作〉一文裏，列舉前人三十六家意見，而斷非莊周所自作，疑為荀子或其門人後學得自荀卿傳授而寫作的。〔註160〕

6. 為惠施篇及莊子要略的改名

譚戎甫說：

> 自「惠施多方」以下為惠施篇，其餘為《淮南王・莊子要略》之
> 改名。〔註161〕

7. 〈天下〉篇的作者是戰國末期的儒家而非道家，甚且是荀子的弟子

王昌祉說：

> 《莊子》書的最後一篇——〈天下〉篇，人們認為是莊子的一位弟
> 子寫的，或者是一位當代輯集莊子及其弟子們著作的思想家寫的。
> 我們為了簡便起見，以後就簡稱他做「天下篇作者」。這篇文字的可
> 靠性，和它的崇高價值，是一般人所周知的。我國學術界對這兩點，
> 也一致承認，毫無異議。至於這位作者究竟是誰？學者的意見便很
> 不一致了。我們認為他應當是一位儒家——一位荀子的弟子，而不
> 是道家。〔註162〕

8. 非莊子所作的，著者不詳

林雲銘說：

〔註157〕同上。
〔註158〕同上。
〔註159〕同上。
〔註160〕同上。
〔註161〕見王昌祉撰《諸子的我見》。
〔註162〕同註 56。

此篇爲《莊子》全書後序，明當日著書之意，一片呵成文字，雖以
關尹老莊架頂一曲之士來，語意卻有軒輊，其敘莊周一段，不與關
老同一道術，則莊子另是一種學問，可知段中備極贊揚，眞所謂上
無古人、下無來者，莊叟斷無毀人自譽至此，是訂莊者所作無疑。
〔註163〕

蔣復璁說：

〈列禦寇〉篇駢列莊子雜事，而以莊子將死，最殿其後，以爲全
書作結，明《莊子》書至〈列禦寇〉已完。此篇不與之相屬也。
此篇本是他人綜論百家流別之文，初與是書無與，不過諸家道術
之中，最尊莊子，世見其推尊莊子，遂取入《莊子》書中，以爲
徵驗。又以其是總論道術，而諸篇皆是言行雜事，無可附麗，故
舉之而編之篇末，如是而已。〔註164〕

葉國慶說：

〈天下〉篇後人評論百家之學之作。〔註165〕

顧頡剛說：

〈天下〉篇以莊子爲百家之一，足見不是莊子自作。〔註166〕

沈德鴻說：

〈天下〉篇大概是戰國末時人所作的一篇後序，說明莊子在當時思
想界的地位，可斷言非莊子所作。〔註167〕

胡適說：

〈天下〉篇是一篇絕妙的後序，卻決不是莊子自作的。〔註168〕

9. 不肯定是莊子所作的，但也不加以否定

錢玄同說：

雜篇中〈天下〉，眞是一篇極精博的「晚周思想總論」，雖然這不見
得是莊先生親筆寫的。〔註169〕

〔註163〕同註124。
〔註164〕同上。
〔註165〕同上。
〔註166〕同上。
〔註167〕同上。
〔註168〕同上。
〔註169〕同上。

按：綜觀以上各種意見，我們實在無法肯定的回答究竟那一種意見才是正確的，但是，我們卻能肯定的指出，〈天下〉篇確實是篇相當複雜的文字。在此，我們也不想捲入這場永無止休的議論之戰，我們只想從另外一個角度來看這個問題，即當我們在從事研究某人的思想時，最直接的資料，最可靠的證據，當然是以出於該思想家的手筆，然而，倘若存有某些資料、證據，雖然不一定是出於該思想家的手筆，但在思想方面卻不衝突，那麼，我們把這種證據、資料拿來作為輔助的材料，也是相當合理的。〈天下〉篇的作者究竟是誰，我們不敢肯定，但是，〈天下〉篇所敘述的莊子思想與內七篇所敘述，幾相吻合，則是一個鐵的事實，既然如此，那麼我們也就不必為〈天下〉篇的作者究竟是誰，而議論不休了。

（四）小　結

綜合本單元的論述，對於內、外、雜篇的作者問題，我們可以得到一個初步的概念：即內七篇可以說是莊子所自作的，至於外、雜篇，則不是出於莊子的手筆，他們很可能是出於莊子的後學之手筆，也很可能是出於老子派的手筆，也很可能是出於秦漢之間的道引之士的手筆，總之，外、雜篇的作者問題，較諸內七篇來，是要複雜多了。

第三節　結　論

經由以上二節的探討，對於莊子的生平及著作，我們已能略有瞭解，茲引證黃錦鋐的話，作為本章的結論：

> 莊子一生像謎，他名字像謎，籍貫像謎，連他的著作也像謎，歷代多少人在討論它、研究它，想揭開這個謎，但都不能看到他的廬山真面目。其實就是莊子重生，恐怕他自己也揭不開這個謎吧。〔註170〕

〔註170〕參閱黃錦鋐註譯《新譯莊子讀本》，頁32。

第三章　莊子「三言」的探討 [註1]

第一節　三言是否有別？

〈寓言〉篇，王夫之說它是《莊子》一書的序例。[註2] 張默生更進而主張它是「莊子的鑰匙」。[註3] 〈寓言〉篇的重要性，於茲可見一斑。然而，對於「莊子的鑰匙」，歷來研究莊子的學者，他們所持的看法，卻不太一致。綜觀各家的主張，大抵有三種意見：

（一）寓言、重言、及巵言是三樣用筆

王元澤說：

> 寓言者，極明大道之眞空，以世俗必爲迂怪也，故託爲他人所說以
> 言之，致其十信九也。故曰：寓言十九。又曰：藉外論之。重言者，

[註1] 本章所稱的「三言」，是專指《莊子》表意的方式——寓言、重言及巵言這三種文體而說的，這與明馮夢龍所著的短篇小說「三言」——喻世明言、警世通言、醒世恒言，可以說是名同而實異的。

[註2] 王夫之說：「此內外雜篇之序例也。莊子既以忘言爲宗而又繁有稱說，則抑疑於矜知而有成心之師。且道惟無禮，故寓庸而不適於是非，則一落於語言文字，而早已與道不相肖。故於此發明其終日言而未嘗言之旨，使人不泥其迹而一以天均遇之，以此讀內篇而得免以忘筌蹄，勿驚其爲河漢也。」（見王著《莊子解》，廣文書局印行）

[註3] 張默生說：「莊子的鑰匙，就藏在雜篇的〈寓言〉篇和〈天下〉篇裏，不過〈天下〉篇中沒有十分交待明白：鑰匙的構造和用法，還得向〈寓言〉篇中去尋說明。前人因了「內」、「外」、「雜」分篇的問題，把內篇看得太重，把外、雜篇，看得太輕，忽略了這一重要公案，因而莊子的鑰匙尋不到，於是莊子的鎖也就開不開了。」（見張著《莊子新釋》，洪氏出版社印行）

論述前古之正道，使世俗樂聞不厭也。故推為耆艾之言以重之，致其十信其七也，故曰：重言十七。又曰：所以已言也。卮言者，不為一定之辭而愈新，如卮器傾仰之不一，以世俗難知妙本也，故和以自然之分矣。故曰：卮言日出，和以天倪。此三者，周之所以用而為書也，以三者而訊周之所言，則然後得周所言之意矣。〔註4〕

釋德清說：

莊子立言，自云寓言十九，重言十七，卮言日出，和以天倪。一書之中，不出三種。〔註5〕

湯海若說：

此篇乃莊子自言其一書之中有三種說話。〔註6〕

歸震川說：

首敘言有三項。〔註7〕

方潛說：

寓言、重言、卮言，諸篇立言之例也。〔註8〕

吳世尚說：

此莊子自明其書有此三樣說話也。〔註9〕

宣穎說：

將一部著書之法，標列於此，蓋莊子仙才，便有此三樣用筆，以顛倒古今文人，獨怪此處已明明揭破，而學者獨顛倒其中，余覺前後註莊者數十家，無一人不如入八陣，而眩於其變化，登迷樓而惘然其路逕也。嗚呼！南華老仙，天機固自崢嶸浩蕩，乃明明揭破而猶不能讀，豈能免於作者之挪揄也耶！〔註10〕

郎擎霄說：

莊子文思寬大，文體不一，據周自謂，不外乎寓言、重言、卮言三者。〔註11〕

〔註4〕見王元澤著《南華真經新傳》，藝文印書館印行。
〔註5〕見釋德清著《莊子內篇註》，廣文書局印行。
〔註6〕本資料引自韓敬撰《莊子狐白》，藝文印書館印行。
〔註7〕見歸有光著《莊子百家評注》，藝文印書館印行。
〔註8〕見方潛撰《南華經解》，藝文印書館印行。
〔註9〕見吳世尚撰《莊子解》，藝文印書館印行。
〔註10〕見宣穎著《莊子南華經解》，宏業書局印行。
〔註11〕見郎擎霄撰《莊子學案》，河洛圖書公司印行。

吳康說：

> 人有思想，有概念，傳之於語言，書之於文字，經緯章句，使成系
> 統，則爲論說。論說者，傳達思想意見之系統文字也，莊生謂此種
> 文字有三：曰寓言，曰重言，曰巵言。〔註12〕

（二）寓言及重言，都是巵言

呂惠卿說：

> 巵言日出，和以天倪，則寓與不寓，重與不重，皆巵言也。〔註13〕

陳深說：

> 巵，酒巵也。巵言，醞藉有味之言，日日出之而調之以自然之天理，
> 己亦不煩，人亦不厭，所以逍遙也。何也？有是有非則有爭辯，今
> 無物不然，無物不可，如環之無端，周流應物而不窮，寓言、重言
> 皆有之，故曰終身言，未嘗言；終身不言，未嘗不言，不聽之自然
> 而無所爭辯，故言而不言，不言而言也。〔註14〕

蔣金式說：

> 巵言兼上兩說（指寓言、重言）在內。〔註15〕

浦起龍說：

> 天倪本三言總納，而文乃專納巵言，彼二言皆以證實巵言也。二言
> 略而巵言詳，而巵者，和之象，所以只從和字著解也。一部南華，
> 以此章蔽之，直以和以天倪一言以蔽之，無餘旨矣。莊子自己如此，
> 予讀莊子，擇言止此。〔註16〕

陸樹芝說：

> 郭象特舉首二字名篇，非莊子所著之書皆寓言也，蓋謂有寓言、有
> 重言，皆如巵之日出，有言一如無言也。〔註17〕

劉鳳苞說：

> 諸註多以寓言、重言、巵言並列，不思寓言者，寄之他人，重言者，
> 託於耆艾，皆有所指，仍證其言，巵言獨無所指，不過謂言之隨時

〔註12〕見吳康著《莊子衍義》，臺灣商務印書館印行。
〔註13〕本資料引自焦竑著《莊子翼》，廣文書局印行。
〔註14〕見陳琛撰《莊子品節》，藝文印書館印行。
〔註15〕本資料引自徐廷槐撰《南華簡鈔》，藝文印書館印行。
〔註16〕見浦起龍撰《莊子鈔》，藝文印書館印行。
〔註17〕見陸樹芝撰《莊子雪》，藝文印書館印行。

而出，如巵之瀉水耳。即此寓重兩項，出之無窮，便是和以天倪，

安得以三項並列，致令脈絡不相貫串哉！〔註18〕

胡遠濬說：

凡寓言重言，皆巵言也。〔註19〕

（三）寓言、重言及巵言，是三樣用筆；同時，寓言、重言，都是巵言

林希逸說：

此篇之首，乃莊子自言其一書之中有三種說話。寓言者，以己之言，

借他人之名以言之。十九者，言此書中，十居其九。謂寓言多也。

如齧缺、王倪、庚桑楚之類是也。十七者，言此書中，此類十居其

七也。巵，酒巵也。人皆可飲，飲之而有味，故曰：巵言日出者，

件件之中有此言也。〔註20〕

按：以上三種意見，第一種意見，是就莊子「表意的方式」這個觀點而加以立論，因此說：寓言、重言及巵言是三樣用筆。第二種意見是就莊子「表意的本質」這個觀點而加以立論，因此說：寓言、重言都是巵言。至於林希逸則是想綜合莊子表意的方式與本質兩者於一體，因此說：寓言、重言及巵言是三樣用筆；同時，寓言、重言，都是巵言。若就莊子表意的態度——言無言，是兼賅方式與本質於一體的觀點來論以上三種意見的是非，那麼我們可以很明顯地看出來，第一種意見的缺失，在於執著於文體上的分別，第二種意見的缺失，在於不明白三言在本質上固然同屬於無心之言，然而，表現在文體上，卻有顯著的差別。至於林希逸的說法，可以說是比較接近莊子的真意，不過仍嫌過於籠統。其癥結就在於不明巵言同時也是莊子的三種文體當中的一個。因此，他雖然開頭就點出「《莊子》一書中有三種說話」，似乎已能充分地掌握了莊子的表意的方式，然而，緊接著卻又說「巵，酒巵也。人皆可飲，飲之而有味，故曰：巵言日出者，件件之中有此言也」。對於巵言這種文體，它的作法究竟如何，則又顧左右而言他。致使原先看似清晰的概念，至此又淪於混淆不清了。

對於三言的主張，真能冥契莊子的原意的，當推郭慶藩。他說：

言相生猶萬物之相禪也。萬物有種，生發至於無窮，而不能執一形

〔註18〕見劉鳳苞撰《南華雪心編》，藝文印書館印行。

〔註19〕見胡遠濬著《莊子詮詁》，臺灣商務印書館印行。

〔註20〕見林希逸撰《莊子口義》，藝文印書館印行。

以相禪。言有種而推衍至於無窮，不能執一言以爲始，始卒無有端

倪，是之謂天均。〔註21〕

依照郭氏的說法，若就「種」而言，三言是沒有分別的，因此說：「不能執一言以爲始，始卒無有端倪，是之謂天均。」不過，若就「形」而言，則三言可以有所不同，因此說：「言有種而推衍至於無窮。」較諸以上三種意見，郭氏的說法，可以說是圓融多了。

綜合以上的論述，對於「三言是否有別」這個問題，我們已略有瞭解，如果就表意的本質而言，三言同屬於無心之言，因此，他們之間並沒有什麼分別；然而，若就表意的方式而言，則三言各自獨立，各爲一種文體，顯然是有所不同的。莊子表意的本質，是屬於沒有分別相的、形而上的問題，那是形而下、有分別相的表意的方式的根源，這根源只能證悟，不可言傳，在此，我們姑且不論，以下即專就莊子表意的方式 —— 寓言、重言及卮言這三種文體的作法，加以更進一步的分疏，希望透過本單元的探討，可以對莊子表意的方式，確實地瞭解。茲依寓言、重言及卮言的秩序，分述之於下。

第二節　寓　言

一、莊子爲什麼要大量地運用寓言？

〈寓言〉篇說：

寓言十九。（〈寓言〉篇，頁947）

宋林希逸說：

十九者，言此書中，十居其九，謂寓言多也。〔註22〕

《史記・莊子本傳》也說：

其著書十餘萬言，大抵率寓言也。〔註23〕

由此可見，在《莊子》書中，寓言確實佔有相當多的篇幅。那麼，莊子爲什麼要如此大量地運用寓言呢？對此問題，〈天下〉篇的作者說：〔註24〕

以天下爲沈濁，不可與莊語，以卮言爲曼衍，以重言爲眞，以寓言

〔註21〕本資料引自郭慶藩輯《莊子集釋》，河洛圖書公司印行。

〔註22〕見林希逸著《莊子口義》，藝文印書館印行。

〔註23〕司馬遷撰《史記》，藝文印書館印行。

〔註24〕關於〈天下〉篇的作者，詳閱第二章莊子其人及其書，頁32～39。

為廣。(〈天下〉篇,頁 1098)

依照〈天下〉篇的說法,莊子所以捨「莊語」而用「寓言」,只因他早已看清了「天下沈濁」,千萬不能使用那些辭正義嚴的「莊語」,以免惹禍危身。因此,才獨具隻眼地選擇上這看似險仄而含意深邃的「寓言」。所謂「沈濁」,大抵是指時代背景的動盪不安及學術界的眾說紛紜而言。此外,文體的自然演進,莊的中心思想——道體的不可言傳及其獨特的才性,都可能影響莊子所以要大量地運用寓言。茲依序分述之如下:

(一)時代背景的動盪不安

　　春秋戰國是一個大大的轉變時代。不論在經濟狀況、政治制度及社會組織各方面,都起了相當大的變化。其中戰國尤烈於春秋。顧亭林《日知錄》說:

> 如春秋時,猶尊禮重信,而七國則絕不言禮與信矣;春秋時,猶宗周王,而七國則絕不言王矣;春秋時,猶嚴祭祀重聘享,而七國則無一言及矣;春秋時,猶宴會賦詩,而七國則不聞矣;春秋時,猶有赴告策書,而七國則無有矣。邦無定交,土無定主。〔註25〕

在春秋時,尚有霸政,足以在某一程度上維持政治秩序,所謂「尊天子,攘夷狄,存亡繼絕」,對於失去實質規範作用的周文,仍能保持其形式上的尊嚴。然而,到了戰國,連周文在形式上的尊嚴都已蕩然無存了。因而,表現在政治上的,何止是無義戰而已,就是本國之內,「臣弒其君者有之,子弒其父者有之」,不倖的很,莊子就處在這戰爭與殺戮幾視為家常便飯的時代裡,面對著這使人阢隉不安的時勢,深懷憂患意識的莊子,自然會受到某些程度上的影響。為了要抒發一己對於人間世的感受,而舊時的詩歌,由於形式上的限制,已無法勝任,因此,莊子乃不得不另覓一種適於表意的方式——寓言,以作為表達思想、發抒情感的媒介。其實,與莊子同時的孟子以及那些僕僕於風塵之中的職業外交家——像蘇代、蘇厲等,他們偶而也會搬弄出一兩只膾炙人口的寓言來,可見使用寓言以表達自己的思想、感情,在當時而言,可以說是一種社會風氣。既然如此,莊子自不例外,不過,值得一提的是:莊子不僅是偶而玩玩寓言這玩藝兒而已,而是大量地在加以運用著。

(二)學術界的眾說紛紜

　　古代學術,都出於王官,那是由於國土隸於一王,因此,學術能定於一

〔註25〕本資料引自黃海華撰《戰國寓言研究》。

尊，天下以同文為治，私門無著述可言。管子任法篇所說的：

> 官無私論，士無私議，民無私說。〔註26〕

就是指此而言。到了戰國，由於產業發達，社會演進，專制政治的日趨於敗壞，周失綱紀，權力四散，貴族式微，商人抬頭。

面對著這種巨大的變動時代，社會上各階層的人物，他們的反應，自然會有不同。有的抱殘守缺以固守舊故，有的銳意於迎接新的事物，有的主張調和兼折衷，他們各持其說，皆能言之成理，以橫行天下，造成百家齊鳴、萬壑競流的現象。《孟子·滕文公下》所記載的：

> 聖王不作，諸侯放恣，處士橫議。〔註27〕

就是當時侯學術界的寫照。不過，就莊子看來，當時的思想家都只是屬於「得其察焉以自好」的「一曲之士」而已。〈天下〉篇說：

> 天下大亂，聖賢不明，道德不一，天下多得一察焉以自好。譬如耳目鼻口，皆有所明，不能相通。猶百家眾技也，皆有所長，時有所用。雖然，不該不徧，一曲之士也。判天地之美，析萬物之理，察古人之全，寡能備於天地之美，稱神明之容。是故內聖外王之道，闇而不明，鬱而不發，天下之人各為其所欲焉以自為方。悲夫！百家往而不返，必不合矣！後世之學者，不幸不見天地之純，古人之大體，道術將為天下裂。（〈天下〉篇，頁1069）

當時，儒墨算是顯學，惠施之徒亦大盛。〈在宥〉篇說：

> 下有桀跖，上有曾史，而儒墨畢起。於是乎喜怒相疑，愚知相欺，善否相非，誕信相譏，而天下衰矣；大德不同，而性命爛漫矣；天下好知，而百姓求竭矣。於是乎釿鋸制焉，繩墨殺焉，椎鑿決焉，天下脊脊大亂，罪在攖人心。（〈在宥〉篇，頁373）

〈天下〉篇說：

> 桓團、公孫龍辯者之徒，飾人之心，易人之意，能勝人之口，不能服人之心，辯者之囿也。惠施日以其知與人之辯，特與天下之辯者為怪，此其柢也。（〈天下〉篇，頁1111）

面對著這「各隨其成心而師之」、「以是其所非，而非其所是」、「同於己則應，異於己則反」的學術界，莊子是深深地加以慨嘆的！為要止息百家無謂的爭

〔註26〕同註25。
〔註27〕見〈孟子滕文公下〉，頁117，藝文印書館印行。

議，又要提醒自己不要跟著也淪於是非的爭議之中，因此，莊子在表意方式上乃不得不捨棄義正辭嚴的「莊語」，而改用看似隱仄而含意深邃，足以發人深省的「寓言」，其用心之良苦，於此可見一斑。

（三）文體的自然演進

歷來研究中國文學的，大多數只注意到中國文學發展到戰國時代，有一件很明顯的事實：那就是詩歌的衰微和散文、辭賦的勃興，如抒發隱情的辭賦和表現哲學思想的諸子散文以及記載當代歷史事實的歷史散文，代替了詩歌的地位，推展了中國辭賦和散文的新發展。但另外還有一件被掩蓋已久的事實：那就是賦予這些辭賦，諸子散文和歷史散文以生機和活力的精華所在——寓言，卻很少為人所重視。普通一般文學史家只是強調戰國是辭賦和散文勃興的時代，但卻忽視了它確是個寓言鼎盛的時期。這也難怪，因為在中國文學史上，像莊子這樣直接揭櫫以寓言這種文體作為表意方式的，究竟還是獨一無偶的。再加上漢儒主張以徵實主義打倒虛構的方法，〔註28〕因此，寓言這種文體，在中國文學史上，除了少數獨具隻眼的，如司馬遷、劉勰之外，便很少有人會去留意它了。不過，就事論事，歷來研究中國文學史者，縱然在有意無意地抹然寓言這一回事，而寓言的本身確確實實的鐵一般的存在著，則又是一回事，我們決不可被狹隘的「衛道觀」所左右，而跟著別人搖旗吶喊說中國根本沒有寓言這種文體。其實，當日寓言作家，何止莊周一人，殊不知和他同時代的韓非、孟軻、列御寇、屈原、宋玉等人，都是傑出的寓言作家。因為這是當時的社會風氣，戰國諸子、列國謀臣和遊說之士，隨著時代的潮流、社會的需要，各人憑其豐富的知識及超人的像想力，通過高度的藝術技巧，構造出許多巧妙的寓言，來宣揚自己的哲理，表達自己的政見，抒發自己的隱情，乃至於教育廣大的民眾，都能收到實際的效果，而成為當日社會上一種至高無上、無往不利的戰鬥性文體。〔註29〕

人是群居的動物，自然不能離群而獨處。莊子既然生活在詩歌衰微，散文、辭賦勃興，寓言鼎盛的時代裡，自然而然地在表意方式上，多少會受到影響，而且，莊子不僅是被當日的社會風氣所影響，他還是首先肯定寓言這種文體的！

〔註28〕參閱羅根澤著《周秦兩漢文學批評史》，頁77，臺灣商務印書館印行。
〔註29〕參閱蔣民德撰《戰國寓言研究》，頁15。

（四）道體的不可言傳

「道」是莊子的中心思想。《莊子》一書，可以說是論「道」的書。〔註30〕
關於「道」：

〈齊物論〉說：

夫大道不稱。（〈齊物論〉，頁813）

〈知北遊〉說：

無思無慮始知道。（〈知北遊〉，頁731）

又說：

視之無形，聽之無聲。（〈知此遊〉，頁755）

又說：

道不可聞，聞而非也；道不可見，見而非也；道不可言，言而非也。
（〈知北遊〉，頁757）

又說：

道不當名。（〈知北遊〉，頁755）

同時，又假莊子與東郭子的問答，說：

所謂道，惡乎在？莊子曰：「無所不在。」東郭子曰：「期而後可。」
莊子曰：「在螻蟻。」曰：「何其下邪？」曰：「在瓦甓。」曰：「何
其愈甚邪？」曰：「在屎溺。」東郭子不應。莊子曰：「夫子之問也，
固不及質。正獲之問於監市履狶也，每下愈況。汝唯莫必。無乎逃
物。至道若是，大言亦然。周、徧、咸三者，異名同實，其指一也」。
（〈知北遊〉，頁749～750）

面對著這個不可名稱的、不可思議的、不可感覺得到的、不可討論的，而又
無所不在的「道」，究竟要如何稱說才好呢？因此，莊子乃不得不編造各種有
趣的故事，也就是在「道」的外面，披上一層美麗的衣裳，塗上鮮明的色彩，
讓各種動物、植物及無生物，甚至古人、今人乃至於他自己，擔任表演的角
色，以吸引世人的注意，使觀者於欣賞之餘，能夠體會到其中的真理——道。
〔註31〕這也就是莊萬壽所謂的：

莊子虛構之多，為先秦諸子所僅有，蓋道之為物，惟恍惟惚，難可
傳受，今不得而發為文字，勢難綴詞，而失之於概念澀晦，故多於

〔註30〕參閱張默生著《莊子新釋自序》，洪氏出版社印行。
〔註31〕參閱成源發撰《莊子寓言研究》，頁40，臺北師專學報，3期。

寓言烘托其道，即化抽象為具體也。〔註32〕

（五）才　性

　　客觀的政治社會固然足以左右一個哲學家或文學家在表達自己的思想、感情時，對於立言形式的選擇，然而，真正偉大的哲學家或文學家，往往可以本著他們出類拔萃與眾不同的才性，使他們自己既身處於時代潮流之中，又可超乎時代潮流之上，如莊子、李白便是當中的佼佼者。莊子為什麼要大量地運用寓言？蔡明田以為：

　　　　《莊子‧天下篇》「以天下為沈濁，不可與莊語，以卮言為曼衍，以
　　　　重言為真，以寓言為廣」；〈寓言〉篇也說「寓言十九，重言十七，
　　　　卮言日出，和以天倪」，從而可知《莊子》一書的立言態度。其實這
　　　　些都是莊子惹的禍，因為面對著同樣沈濁的人間世，孟子則全然以
　　　　「莊語」匡世，且塑造了剛健典型。可知在莊語與寓言之間，究竟
　　　　如何抉擇，並非訴之於客觀的政治社會，而是操諸個己的順應創造；
　　　　自適其適，量才適性，「己而不知其然，謂之道」。強孟學莊，或強
　　　　莊學孟，都只是邯鄲學步的樣板而已，沒有意義可言。〔註33〕

依照蔡明田的說法，莊子所以使用寓言而不用莊語，完全是由於個人才性的偏好，非關客觀的政治社會，其說難免有所偏失。然而，我們若從另外一個角度來看，莊子寓言所以有別於其他先秦諸子，他本身所擁有的獨特的才性就是最好的說明。

　　綜合以上論述，我們可以得到一個結論，莊子所以要大量地運用寓言，時代背景的動盪不安、學術界的眾說紛紜、文體的自然演進、道體的不可言傳及其獨特的才性，皆有可能對莊子產生舉足輕重的影響。一代哲人兼文學家的莊周，就在這內因外緣交相影響之下，創作了一部光芒萬丈、傳誦千古，足以發人深省的偉大巨著！

二、莊子寓言是什麼？

　　「寓言」這名詞首見於《莊子‧寓言篇》。但《莊子》書中，對於「寓言」這文體，並未在作法上給予嚴密的界說。他只是約略的提到「寓言」這文體

〔註32〕見莊萬壽撰《莊子學術》，頁 401。
〔註33〕見蔡明田撰《老莊識小九》、莊問，頁 84，今日中國，124 期。

的表達方式爲「藉外論之」。（〈寓言〉篇，頁948）其他，便隻字未提。那麼，什麼是「藉外論之」呢？唐成玄英《疏》：

> 藉，假也。所以寄之他人。〔註34〕

宋林希逸說：

> 藉，借也。不出於己而出於他人曰外，故曰藉外論之。〔註35〕

依照成、林二氏的說法，所謂「寓言」，就是立言者將自己的思想、觀念，假託其他人物的口齒以敘說出來。換句話說，就是將自己的觀點轉移到其他的人物身上。而後，元陳深、明湯海若、清王先謙等，都是採取這種說法。〔註36〕

然而，也有不採此說而另主他說的，如唐司馬貞《史記索隱》說：

> 其書十餘萬言，率皆立主客，使之相對語，故云偶言。〔註37〕

依照司馬貞氏的說法，所謂「寓言」，就是兩人相互對話。不錯，《莊子》書上的寓言作品，確實有不少是以對話的方式來表現的，如〈秋水〉篇記載：

> 夔憐蚿，蚿憐蛇，蛇憐風，風憐目，目憐心。夔謂蚿曰：「吾以一足趻踔而行，予無如矣。今子之使萬足，獨奈何？」蚿曰：「不然。子不見夫唾者乎？噴則大者如珠，小者如霧，雜而下者不可勝數也。今予動吾天機，而不知其所以然。」蚿謂蛇曰：「吾以眾足行，而不及子之無足，何也？」蛇曰：「夫天機之所動，何可易邪？吾安用足哉！」蛇謂風曰：「予動吾脊脅而行，則有似也。今子蓬蓬然起於北海，蓬蓬然入於南海，而以無有，何邪？」風曰：「然。予蓬蓬然起於北海而入於南海也，然而指我則勝我，鰌我亦勝我。雖然，夫折大木，蜚大屋者，唯我能也，故以眾小不勝爲大勝也。爲大勝者，唯聖人能之」。（〈秋水〉篇，頁591～594）

在本則寓言裏，莊子想要說明無形勝有形的道理，但他不直接說出，而假夔、

〔註34〕見清郭慶藩輯《莊子集釋》頁948，河洛圖書公司印行。
〔註35〕見林希逸撰《莊子口義》，藝文印書館印行。
〔註36〕元・陳深說：「寓言，寄託而言也。如鵬、鯤、泰清、無始之類。夫言不出於我，而借於外言，此非我之罪也。人不信我之罪。因人之不見信，故藉外以曉之。」（見陳深撰《莊子品節》，藝文印書館印行。）
　　　　明・湯海若說：「寓言者，以人不信己而托他人之名，如齧缺、庚桑楚之類。」（見明・韓敬撰《莊子狐白》引湯海若語，藝文印書館印行。
　　　　清・王先謙說：「意在此而言寄於彼。」（見王先謙著《莊子集解》，三民書局印行。）按：以上三家，都主張寓言就是藉外論之。
〔註37〕見《史記・老莊申韓列傳》，藝文印書館印行。

蝦、蛇、風等擬人化的角色，讓他們相互對話，就在這對話中，把道理說出。
這與司馬氏對寓言所下的定義，可以說是相吻合的。然而，莊子的寓言，也
有不少不以對話的方式來表現的，如〈逍遙遊〉篇記載：

> 北冥有魚，其名為鯤。鯤之大，不知其幾千里也。化而為鳥，其
> 名為鵬。鵬之背，不知其幾千里也；怒而飛，其翼若垂天之雲，
> 海運則將徙於南冥。南冥者，天池也。齊諧者，志怪者也。諧之
> 言曰：「鵬之徙於南冥也，水擊三千里，搏扶搖而上者九萬里，去
> 以六月息者也。」野馬也，塵埃也，生物之以息相吹也。天之蒼
> 蒼，其正色邪？其遠而無所至極邪？其視下也，亦若是則已矣。
> 且夫水之積也不厚，則其負大舟也無力。覆杯水於坳堂之上，則
> 芥為之舟；置杯焉則膠，水淺而舟大也。風之積也不厚，則其負
> 大翼也無力。故九萬里，則風斯在下矣，而後乃今培風；背負青
> 天而莫之夭閼者，而後乃今將圖南。蜩與學鳩笑之曰：「我決起而
> 飛，槍榆枋，時則不至而控於地而已矣，奚以之九萬里而南為？」
> （〈逍遙遊〉，頁2～9）

很明顯地可以看出，本則寓言的表現方式，決不是出之以對話的形式，而是
莊子將其內在的心靈的經驗，透過他超人的想像力，假借鯤魚化為鵬鳥，逍
遙於海闊天空的境界，卻遭蜩、鳩的譏笑這件事情，來說明燕雀焉知鴻鵠之
志的道理。由此可見，司馬貞的說法，並不足以涵蓋寓言的意義。

以外，尚有主張寓言就是「比喻之言」的。如明藏雲山房主人說：

> 寓者，比喻之言。〔註38〕

清浦起龍說：

> 寓者，喻也。〔註39〕

不錯，《莊子》書上也存著不少以譬喻的方式來表現的寓言作品，如〈人
間世〉：

> 夫愛馬者，以筐盛溺。適有蚊虻僕緣，而拊之不時，則缺銜毀首。
> 意有所至而愛有所亡，可不慎邪！（〈人間世〉，頁168）

在本則寓言裡，莊子想要表達「意有所至而愛有所亡」的道理。也就是我們
處事待人之際，本意出於愛護對方，但假如這份愛的行動不能適得其時，則

〔註38〕見明・藏雲山房主人撰《南華大義解懸參註》，藝文印書館印行。
〔註39〕見清・浦起龍撰《莊子鈔》，藝文印書館印行。

往往得到反效果。但莊子不直接說出這種道理，卻「藉外論之」，而作了一個譬喻，就如愛馬的人，用很漂亮的竹筐去接馬糞，用珍貴的盛水器去接馬尿，可說對馬愛護備至了。偶而，有蚊虻咬馬，愛馬者也出於愛心去撲打蚊虻，但卻不能適得其時，出其不意地突然拍向馬身，結果使馬驚恐得咬斷馬銜，掙斷籠頭，毀壞胸上的繩帶。可見本則寓言的表現方式確實是出之以比喻。然而，《莊子》書上的寓言作品，也有不以比喻的方式來表現的，如〈應帝王〉：

> 天根遊於殷陽至蓼水之上，適遭無名人而問焉，曰：「請問為天下。」
> 無名人曰：「去！去！汝鄙人也，何問之不豫也！予方將與造物者為
> 人，厭，則又乘夫莽眇之鳥，以出六極之外，而遊無何有之鄉，以
> 處壙垠之野。汝又何帛以治天下感予之心為？」又復問。無名人曰：
> 「汝遊心於淡，合氣於漠，順物自然而無容私焉，而天下治矣」。(《應
> 帝王》，頁 292～294）

在本則寓言裡，莊子假天根與無名人的對話，來表達自然無為的政治觀，並沒有運用比喻的方式。由此可見，以「寓言」為比喻之言的說法，仍不可靠。

顏崑陽曾就《莊子》書上的寓言作品，詳加分析比較，將之歸類為五：（一）譬喻式的寓言，（二）設問式的寓言，（三）藉敘事以說理的寓言，（四）藉敘事以寓理的寓言，（五）造境式的寓言。並將以上五類寓言統攝在「藉外論之」的廣義寓言觀之下，〔註40〕他說：

> 《莊子》一書中的寓言，是莊子根據其「藉外論之」的寓言觀念所
> 創作出來的文字。所謂「藉外論之」，只要是將敘述觀點從立言者自
> 身轉移到其他人物即可，這可視為廣義的寓言。〔註41〕

如此一來，我們對於「莊子寓言是什麼？」這個問題，便可得到一個比較圓融的解答了。

三、莊子寓言與西方寓言

在西洋文學當中，「寓言」是一種純然獨立的文體。早在希臘時代，就有人把流傳於民間的動物故事，選擇其中故事簡單有趣，教訓切實的，彙集成書，冠以伊索之名，而成為舉世聞名的《伊索寓言集》。從此，《伊索寓言》

〔註40〕參閱顏崑陽著《莊子的寓言世界》，頁 127～145。
〔註41〕見顏崑陽著《莊子的寓言世界》，頁 123。

乃被公認爲西方社會的一部啓蒙用書。尤其可貴的是：泰西的學者也都能對它另眼看待，視之爲珍品。逮及近代，各國寓言作家輩出，如德國的萊森氏、法國的賴封登、俄國的克銳洛夫、美國的詹姆士、特柏等，都在積極地從事寓言的創作。而英國則有湯姆士和蓋約翰的以寓言寫詩。寓言盛行於西方，於茲可見一班。〔註 42〕那麼，西方寓言的定義又如何呢？根據《世界百科全書》的解釋，所謂「寓言」：

（一）它是一個特殊的故事。

（二）它是短小精悍，通常有動物的性格而含有教訓的意義。

（三）有些寓言不長於一段的散文，有些是短詩。

（四）這些動物能像人一般地言行舉動。

（五）故事末了，常以這些動物中之一所說的睿智之語來點明正意。

〔註 43〕

從《世界百科全書》的釋義中，我們可以獲得這麼一個初步的概念：寓言是通過散文或詩歌的形式來表現的短小精悍，蘊涵譏刺或教訓意義的擬人化的動物故事體。〔註 44〕

至於捷斯·史丁所主編的《英文大辭典》，對寓言的解釋，似乎更爲詳細：

（一）它是一種含有教訓意義的故事，通常是以動物或無生物作爲主角，如《伊索寓言》中的「龜兔賽跑」故事。

（二）虛構的傳記故事，這類傳記多數是自我提昇的故事。

（三）神奇或超凡人物事件的神話故事，如神和英雄人物的傳奇故事。

（四）傳奇或神話彙編，如希臘的英雄故事。

（五）一個虛妄的故事。

（六）古文體中，一首史詩、一齣歌劇或戲劇中的一段情節。

（七）無謂之言談。〔註 45〕

這裏所指的寓言，在內容方面已經不像《世界百科全書》中所說的，只是限於一般動物故事，而是包括神話傳說中的英雄人物、超凡人物，以及其他一切生物及無生物的故事。至於寓言的表現方式，除了詩歌和散文的形式之外，

〔註 42〕參閱李奕定著《中國歷代寓言選集自序》，頁 2，臺灣商務印書館印行。

〔註 43〕本條資料間引自蔣民德撰《戰國寓言研究》。

〔註 44〕參閱蔣民德撰《戰國寓言研究》。

〔註 45〕同註 43。

更進一步的擴展到歌劇和戲劇的形式。因爲一般寓言，多數含有諷刺、教訓、或啓示等作用，同時具有生動的故事性，所以英國學者法蘭西士，培根說「它是諷刺神和啓示神的獨生子，更是捍衛文藝之宮的鬥士」，而法國著名寓言作家拉封騰則說「故事是它的肉體，教訓是它的靈魂」，眞是一言中的。〔註46〕

綜合以上各種說法，我們大約可以爲西方寓言理出幾項構成的條件：

（一）它必須是一則簡短的故事，有開端、發展、結尾，具備完整而有機的結構。

（二）其中角色包羅一切無生物、動物、植物、仙魔、鬼怪、虛構的人物。無生物與動植物可使擬人化，同樣能有屬人的語言動作。

（三）它的故事都屬虛構。

（四）它的文體採散文，偶而亦用詩歌或戲劇。

（五）它的意義不在字面上作直接的解說，而在故事情節中作間接的暗示。透過寓言，使讀者得到教訓或啓示。

但它和一般修辭上的隱喻不同，隱喻必有固定的喻依和喻體，所以它所產生的喻意也往往明確而固定。但寓言並沒有固定而對待的喻體，其意義也可自由推想和延伸。〔註47〕

若是拿著西方寓言的標準來衡量莊子寓言，那麼，我們即將發現，《莊子》書上，除了少數幾則寓言之外，大多數的寓言，其實並不能算是寓言。如〈人間世〉記載：

> 匠石之齊，至於曲轅，見櫟社樹。其大蔽數千牛，絜之百圍。其高臨山十仞而後有枝，其可以爲舟者旁十數。觀者如市，匠伯不顧，遂行不輟。弟子厭觀之，走及匠石，曰：「自吾執斧斤以隨夫子，未嘗見材如此其美也。先生不肯視，行不輟，何邪？」曰：「已矣，勿言之矣！散木也，以爲舟則沈，以爲棺槨則速腐，以爲器則速毀，以爲門戶則液構，以爲柱則蠹。是不材之木也，無所可用，故能若是之壽。」匠石歸，櫟社見夢曰：「女將惡乎比予哉？若將比予於文木邪？夫柤梨橘柚，果蓏之屬，實熟則剝，剝則辱；大枝折，小枝泄。此以其能苦其生者也，故不終其天年而中道夭，自掊擊於世俗者也。物莫不若是。且予求無所可用久矣，幾死，

〔註46〕同註44。

〔註47〕參閱顏崑陽著《莊子的寓言世界》，頁121，尚友出版社印行。

乃今得之，爲予大用。使予也而有用，且得有此大也邪？且也若
與予也皆物也，奈何哉其相物也？而幾死之散人，又烏知散木！」
匠石覺而診其夢。弟子曰：「趣取無用，則爲社何邪？」曰：「密！
若無言！彼亦直奇焉，以爲不知己者詬厲也。不爲社者，且幾有
翦乎！且也彼其所保與眾異，而以義譽之，不亦遠乎！」（〈人間
世〉，頁 170～174）

這則寓言，是在說明世人但知有用之用，不知無用之用的道理。但莊子不直
接的作論述，而虛構櫟社樹以散木而免於遭受砍伐的故事，以收「藉外論之」
的效果。不過，它仍不能算做是標準的寓言，因爲在對話當中，莊子所要表
達的思想、觀念已經脫口而出，這與西方寓言，多不直接說理，而藉故事情
節作爲暗示，讓人自由去揣摩涵意，顯然大有逕庭。又如〈應帝王〉記載：

天根遊於殷陽，至蓼水之上，適遭無名人而問焉，曰：「請問爲天下。」
無名人曰：「去，汝鄙人也，何問之不豫也！予方與造物者爲人，厭，
則又乘夫莽眇之鳥，以出六極之外，而遊無何有之鄉，以處壙垠之
野，汝又何帛以治天下感予之心爲？」（〈應帝王〉，頁 292～293）

本則寓言的人物都是虛構而來，似頗符合寓言虛構人物的條件。但是，它並
沒有一個結構完整的故事，只是藉兩個人物的對話，來解說一項道理，除了
對話中所直接表述出來的道理之外，更無讓人自由揣摩的寓意了，因此，依
照西洋的寓言觀來看，本則寓言，也不可稱之爲寓言。

就以上所舉的兩個例子看來，若以西方寓言的標準來衡量莊子寓言，那
麼，《莊子》書上，恐怕會有很多所謂的寓言必須被摒棄於寓言之外。〔註48〕
不過，在此我們必須特別提出來加以說明的是：西方寓言自有西方寓言定義
的標準，莊子寓言也有莊子寓言定義的標準，我們千萬不要忽略了西方寓言
是定義在他們狹義的寓言觀之下而成立的，而莊子則有他自定的寓言標準。
所謂「藉外論之」（〈寓言〉篇，頁 948），只要是立言者將敘述觀點轉移到其
他人物之口以敘說出來即可，這可以視爲一種廣義的寓言觀。因此，我們大
可如此的說：莊子寓言是有別於西方寓言的。但我們決不能拿著西方狹義的
寓言觀來衡量《莊子》書中的寓言，而指摘出某則是寓言，某則不是寓言。

〔註48〕近人汪惠敏在〈先秦寓言的考察〉一文中，即是持著西方寓言的觀點來衡量
先秦寓言，所以許多被含混地認爲是寓言的文字，都被一一剔除到寓言的範
圍之外。（見《書評書目版文學評論第五集》）

不然的話，就會犯上「以後制推前事」的錯誤。

四、莊子寓言與諧讔

　　在中國文學史上，首先肯定「寓言」這種文體，而且還大量地加以運用的，當推戰國時代的莊周。而後，能夠正式坦認中國確實存有「寓言」這種文體，同時，還在有意無意地加以模倣，便是司馬遷。〔註 49〕很遺憾的是，自此之後，「寓言」這種文體不是被有意的遺棄，便是被無意的冰封。不信的話，且看歷來中國文章的分類，即可得到證明。

　　中國文章的分類，可大別為「文」、「筆」兩類：

（一）文分為：

1. 藝文──騷、詩、樂府、賦、頌、讚、祝、盟、銘、箴、誄、碑、哀、弔、對問、七（如七問）連珠、諧、讔等十九類。

2. 雜文──典、話、誓、問、覽、略、篇、章、曲、操、弄、引、吟、諷、謠、詠等十六類。

（二）筆分為：

1. 實用文──論、說、詔策、檄、移、封禪、章表、奏、啓、議、對、書、記等十三類。

2. 雜文──譜、籍、簿、錄、方、術、占、式、律、令、法、制、符、契、券、疏、關、刺、解、牒、狀、列、辭、諺等二十四類。
〔註 50〕

　　當中，只有諧、讔兩體迹近寓言。何謂諧讔？劉勰《文心雕龍‧諧讔》說：

　　　諧之言皆也。辭淺會俗，皆悅笑也。昔齊威酣樂，而淳于說甘酒；楚襄讌集，而宋玉賦好色：意在微諷，有足觀者。及優旃之諷漆城，優孟之諫葬馬，並譎辭飾說，抑止昏暴。是以子長編史，列傳滑稽，以其辭雖傾回，意歸義正也。……讔者，隱也；遯辭以隱意，譎譬以指事也。昔還社求拯于楚師，喻智井而稱麥麴；叔儀乞糧于魯人，

〔註49〕曾國藩說：「太史公稱莊子之書皆寓言，吾觀子長所為史記，寓言亦居十之六七。」（見曾國藩撰〈聖哲書像記〉，載《曾文正公全集》，世界書局印行）
〔註50〕參閱李奕定著《中國歷代寓言選集自序》頁 2～3，臺灣商務印書館印行。

> 歌佩玉而呼庚癸：伍舉刺荊王以大鳥，齊客譏薛公以海魚，莊姬託
> 辭于龍尾，臧文謬書於羊裘，隱語之用，被于紀傳。大者興治濟身，
> 其次弼違曉惑。蓋意生於權譎，而事出於機急，與夫諧辭，可相表
> 裏者也。〔註51〕

劉勰所謂的「諧」，就是使用淺俗而有趣味的語言，在聽者「皆悅笑」的情形下，達到發言的目的。從劉勰所舉的例子來看，如「淳于說甘酒」、「優旃設漆城」、「優孟諫葬馬」，都是採取輕鬆戲謔而表示讚同的言詞，骨子裏暗藏反對之意，在解除聽者的抗拒心理之下，很愉快地達成勸諫的目的，這真是欲非之必先是之，極具諷刺效果的談話技巧。這些話，表面的言辭都似曲折不正，但用意卻非常正大。所以劉勰稱它「其辭雖傾回，意歸義正」。但這種語言與寓言不同，寓言是虛構的人、物、事，以暗寓發言者的用意。而言種諧語卻仍就原來事件措辭，只是在語態上拐彎抹角而已。〔註52〕不過，尚有一點值得注意的是：諧言與寓言固然不同，但諧言與笑話僅足以招致人家的解頤與會心的一笑，又有不同，千萬一可混淆在一起。

　　至於「讔」，劉勰說「遯辭以隱意，譎譬以指事」，所謂「遯辭」，是真意隱遯在言詞後面的話。所謂「譎」，是詭譎奇異的譬喻。「遯辭」，幾近於謎語，例如《左傳》哀公十三年曾經記載，軍中以「庚癸」隱射「軍糧」。杜預《左傳集解》說：「軍中不得出糧，故為私隱，庚西方，主穀；癸地方，主水」。軍糧包括穀米及水，庚癸在五行之中主穀、水，故以庚癸隱射軍糧，這豈不就等於謎語了。譎譬和遯辭，在形式上略有不同，「遯辭」往往只是簡單的詞彙在意義上的隱示。譎譬則是用隱喻的方式，以一物喻另一物，或以一事喻另一事，而兩者之間的字義不必相關聯。如《史記・楚世家》記載：

> 莊王即位三年，不出號令，日夜為樂，令國中曰：「有敢諫者死無
> 赦！」伍舉入諫，莊王左抱鄭姬，右抱越女，坐鐘鼓之間。伍舉曰：
> 「願有進隱。」曰：「有鳥在於阜，三年三蜚不鳴，是何鳥也？」
> 莊王曰：「三年不蜚，蜚將沖天；三年不鳴，鳴將驚人，舉退矣，
> 吾知之矣」。〔註53〕

這是以鳥不飛不鳴這一事，隱喻莊王不號令之事。其中的詞彙鳥、莊王之間，

〔註51〕 見劉勰著《文心雕龍》，卷三〈諧讔〉第十五，頁270～271，宏業書局印行。
〔註52〕 參閱顏崑陽著《莊子的寓言世界》，頁118～119，尚友出版社印行。
〔註53〕 見司馬遷著《史記・楚世家》，藝文印書館印行。

不必有字義上的關聯，這就是「譎譬」，也就是一種隱喻的修辭技巧。〔註54〕

　　就以上的分析來看，諧語、遯辭與寓言頗多差別，至於譎譬則比較接近寓言。因此，我們不妨這麼說：寓言的本來真面目，已經蛻變了。

五、莊子寓言與神話

　　每個民族，都有他自己的神話。神話是初民對於自然現象的解釋，反映人類和自然界的競爭。如宇宙開闢、平治洪水、太陽神、火神等等，都是神話故事的重要內容。中國古代沒有神話專書，神話材料保存的最多的是《山海經》、《楚辭》和《淮南子》。此外在《穆天子傳》、《莊子》、《國語》、《左傳》諸書中，也可找到一些片段的材料。〔註55〕其中，尤以《莊子》為最古。〔註56〕如〈大宗師〉記載：

> 夫道，有情有信，無為無形；可傳而不可受，可得而不可見；自本自根，未有天地，自古以固存；神鬼神帝，生天生地；在太極之先而不為高，在六極之下而不為深，先天地生而不為久，長於上古而不為老。豨韋氏得之，以挈天地；伏戲氏得之，以襲氣母；維斗得之，終古不忒；日月得之，終古不息；堪坏得之，以襲崑崙；馮夷得之，以遊大川；肩吾得之，以處大山；黃帝得之，以登雲天；顓頊得之，以處玄宮；禺強得之，立乎北極；西王母得之，坐乎少廣，莫知其始，莫知其終；彭祖得之，上及有虞，下及五伯；傅說得之，以相武丁，奄有天下，乘東維，騎箕尾，而比於列星。（〈大宗師〉，頁246～247）

豨韋氏、伏戲氏、黃帝、顓頊，他們都是傳聞的帝王。堪坏，司馬彪說他是崑崙山神、人面獸形。馮夷，司馬彪說他是河伯。肩吾，成玄英他是太山之神。禺強，司馬彪說他是北海神，人面鳥身，珥兩青蛇，踐兩赤蛇。王母，成玄英說她是太陰之精，豹尾虎齒。山海經作狀如人，狗尾、蓬頭、戴勝、善嘯、居海水之涯。《漢武內傳》以為美容貌，神仙人也。彭祖，崔譔說他是壽七百歲不死的仙人。以上各家的說法，不一定正確，不過，可以肯定的是：他們必屬於神仙之流。這些神仙人物，一到莊子的手上，個個如同玩偶，變

〔註54〕參閱顏崑陽著《莊子的寓言世界》，頁120，尚友出版社印行。
〔註55〕參閱劉大杰著《中國文學發達史・第一章神話與傳統》，頁13～14，華正書局印行。
〔註56〕參閱莊萬壽著《莊子學術》頁100。

成莊子思想的代言人，在本則故事裏，莊子就是拿他們來替代自己敘說形而上的本體論。又〈天地〉篇記載：

> 黃帝遊乎赤水之北，登乎崑崙之丘而南望，還歸，遺其玄珠。使知索之而不得，使離朱索之而不得，使喫詬索之而不得也。乃使象罔，象罔得之。黃帝曰：「異哉！象罔乃可以得之？」（〈天地〉篇，頁414）

依照杜而未的考察，崑崙之丘是一座去「嵩高五萬里」的神話中的山，也就是世界大山。〔註57〕當時一般人對於這座大山一定相當熟悉，因此，莊子乃借如此的神秘的大山導出「知」、「離朱」、「喫詬」等假託的象徵人物，用以說明無心「象罔」的思想。

不過，後人對於莊子所以使用神話作為寓言的題材的旨趣，每每有所誤解。如徐文珊就是個例子。徐氏在敘述莊子的神人時說：

> 藐姑射之山有神人居焉。肌膚若冰雪，綽約若處子，不食五穀，吸風飲露，乘雲氣，御飛龍，其神凝，使物不疵而年穀熟，吾是以狂而不信也。按：「此直所謂神仙耳，不得謂之人也。後世之道教託始於老莊，有以也。」〔註58〕

按：徐氏的說法所以有缺失，原因就在於他不明白莊子採用神話作為題材，其作用在於假借神話的神秘性以輔助表達他自己的思想、觀念，而不是真有心於神話的創作，更不是以肯定神仙為目的。換句話說，他採用的不是神話的字面意義，而是神話所內涵的哲學意義。〔註59〕至於後世道教之徒所以強與莊子扯上關係，則是由於他們根本就誤解了莊子的真正意思。〔註60〕

不過，這也難怪，因為就文學的演進而言，寓言是較神話為後起的，因此，在形式上多少會受到神話的影響。其次，寓言的創作主要就在於使寓言裏的主人翁的一言一行至少含一種至理，因此，才會怪誕到像神話一樣。而莊子就是最善於創造這種看似怪誕而深含至理的寓言的巨匠。〔註61〕明白了

〔註57〕參閱杜而未著《山海經神話系統》，第二編，第四章，頁28～30，臺灣學生書局印行。

〔註58〕見徐文珊著《先秦諸子導讀》，第九章，〈莊子導讀七〉，頁255，幼獅書局印行。

〔註59〕參閱王煜著《老莊思想論集》，頁3，聯經出版事業公司印行。

〔註60〕參閱顧實著《中國文學大綱》，第四章，〈周末文學（其二）——南方文學〉，頁8）文海出版社印行。

〔註61〕參閱譚正璧著《中國文學史》，頁53，華正書局印行。

這個道理，對於後人附會莊子所以使用神話為題材的一切言論，便可清楚地分辨出他們的是非了。

六、莊子寓言與小說

「小說」這個名詞，在周秦典籍中，僅見於莊子及荀子。《莊子・外物篇》說：

> 飾小說以干縣令，其於大達亦遠矣。（〈外物〉篇，頁925）

《荀子・正名篇》說：

> 故智者論道而已矣，小家珍說之所願皆衰矣。〔註62〕

荀子所謂「小家珍說」，正可代表古人對於「小說」的觀念。他們又把他與「大道」對稱，正和後人把它與「載道」的古文對稱一樣，那完全是一種輕視的態度了。〔註63〕至於解釋「小說」和近代的用法稍微近似的，要推桓譚《新論》：

> 小說家合殘叢小語，近取譬喻，以作短書，治身理家，有可觀之辭。
> 〔註64〕

莊子對於「小說」的解釋，雖然與近代小說不太吻合，不過，《莊子》書上卻存類似近代之所謂小說的寓言作品，如〈逍遙遊〉記載：

> 宋人有善為不龜手之藥者，世世以洴澼絖為事。客聞之，請買其方百金。聚族而謀曰：「我世世為洴澼絖，不過數金；今一朝而鬻技百金，請與之。」客得之，以說吳王。越有難，吳王使之將，冬與越人水戰，大敗越人，列地而封之。能不龜手一也，或以封，或不免於洴澼絖，則所用之異也。（〈逍遙遊〉，頁37）

這是以「所用之異」為主題，加以細膩的描寫。又〈達生〉篇記載：

> 魯有單豹者，巖居而水飲，不與民共利，行年七十而猶有嬰兒之色；不幸遇餓虎，餓虎殺而食之。有張毅者，高門縣薄，無不走也，行年四十而有內熱之病以死。豹養其內而虎食其外，毅養其外而病攻其內，此二子者，皆不鞭其後者也。（〈達生〉篇，頁646）

這是說明各偏一曲，不能折中的缺失。又〈山木〉篇說：

〔註62〕本條資料引自譚正璧《中國文學史》，頁50，華正書局印行。
〔註63〕同註62。
〔註64〕本條資料引自黃海華著《戰國寓言研究》。

> 陽子之宋，宿於逆旅。逆旅人有妾二人，其一人美，其一人惡，惡
> 者貴而美者賤。陽子問其故，逆旅小子對曰：「其美者自美，吾不知
> 其美也；其惡者自惡，吾不知其惡也。」（〈山木〉篇，頁 699）

這是說明謙沖是美的，驕盈是惡的。又〈列禦寇〉說：

> 宋人有曹商者，爲宋王使秦。其往也，得車數乘；王說之，益車百
> 乘。反於宋，見莊子曰：「夫處窮閭阨巷，困窘織屨，槁項黃馘者，
> 商之所短也；一悟萬乘之主而從車百乘者，商之所長也」。莊子曰：
> 「秦王有病召醫，破癰潰痤者得車一乘，舐痔者得車五乘，所治愈
> 下，得車愈多。子豈治其痔邪，何得車之多也？子行矣！」（〈列禦
> 寇〉，頁 1049～1050）

這是譏刺曹商卑躬屈膝以干祿，挖苦太過，簡直近似諷刺小說。

　　不過，《莊子》書上所出現的「小說」作品，充其量只能算是具有「小說」的雛形而已。〔註65〕（我們如此說，對於莊子而言，並沒有什麼損傷。因爲莊子本來就無心於小說的創作，莊子寓言之所以類似近代小說，乃屬巧合）近代小說，根據哈德遜的分析，必須含有（一）結構、（二）人物、（三）對話、（四）活動的時間和場所、（五）作風、（六）人生觀等六項要素。〔註66〕而《莊子》書上所出現的小說，因爲它只是莊子寓言的題材的一種，在組織要素的要求上，自然不像近代小說那麼嚴謹。因此，較之近代小說而言，它只能說是具體而微。

七、莊子寓言與詩之比

　　「比」是《詩經》的寫作技巧之一，拿它來跟《莊子》寓言相提並論，難免有些不當。不過，「比」既然是中國文學寫作方法的源流之一，而寓言又是緊接著詩歌而發生的，那麼我們也就不需要排斥「比」與寓言在作法方面會有類似的可能。什麼是「比」？鄭康成說：

> 比，見今之失，不敢斥言，取類以言之。〔註67〕

　　孔穎達說：

> 比者，比託於物，不敢正言，似有所畏懼，故云見今之失，取比類

〔註65〕同註62。
〔註66〕同註64。
〔註67〕本條資料引自金世煥著《莊子寓言及其功用研究》。

以言之。〔註68〕

依照鄭、孔二氏的說法，「比」的作法是「取類以言之」、「比託於物」。換句話說，就是所謂的譬喻。而後，朱熹等，皆承襲這種說法。惟略有不同的是：鄭、孔二氏可能因爲受到〈詩大序〉的影響，因此，不能超脫禮教的束縛而純就文學的觀點來加以立論，因而必須拐彎抹角的將之歸因於「見今之失」或「似有所畏懼」的大帽子之下，致使「比」的眞相，模糊不清。不錯，《詩經》三百零五篇當中確實存有不少政治性的詩歌，然而屬於抒情詩的作品也不少，如〈衛風‧氓〉：

　　桑之末落，其葉沃若，于嗟鳩兮，無食桑葚。〔註69〕

〈氓〉這首詩是婦人爲丈夫所棄而自作的怨詞。〔註70〕這幾句詩是被棄之女，以桑自比。所謂「桑之末落，其葉沃若」，是拿來比喻女子的年貌正盛，容光華美，且不久即將結實（指生兒育女），幸福將可無窮，希望外人不要加以破壞，影響他們夫婦之間的美滿的家庭生活。因此說：「于嗟鳩兮，無食桑葚」。很明顯的可以看出，這首詩並沒有什麼「不敢斥言」、似有所畏懼的成份在內。可見這只是一種藝術的表達手法而已。因此，我們若想對於「比是什麼？」這個問題，尋求一個比較正確的解答，還眞不得不回頭向鄭司農、劉勰及朱熹等人的言論裡，尋找答案。茲將三氏的說法，書之於下，鄭司農說：

　　比者，比方於物。〔註71〕

　劉勰說：

　　因物喻志，比也。〔註72〕

　朱熹說：

　　比者，以物爲比，而不正言其事。〔註73〕

按：右引三氏的說法，可以統括於「以彼物比此物也」之下。由此，我們可以對於「比是什麼？」得到一個簡單的定義：「比」就是以一事物比一事物，而所指的事物常在言外。〔註74〕

〔註68〕同上註。
〔註69〕見《詩經‧衛風氓詩》，頁135，藝文印書館印行。
〔註70〕參閱王靜芝著《詩經通釋》，頁145，輔仁大學文學院印行。
〔註71〕本資料引自劉必勁著《中國文學史綱》，頁68，環球書局印行。
〔註72〕同註71。
〔註73〕同註71。
〔註74〕同註71。

　　「比」的意義既然釐清了，那麼「比」與寓言的關係又如何呢？對於這個問題，首先加以注意的，可能是明朱得之。朱氏在《莊子通義》說：

　　　　寓言者，如逐臣思君，托於棄婦，或托於異類，如邶之〈谷風〉、周之〈鴟鴞〉。本籍少知、大公調之類是也。〔註75〕

與朱得之同時而稍後的程以寧亦曾留意過這個問題，他說：

　　　　寓言猶詩之比體。〔註76〕

而後，民國葉程義則更進一步提出：

　　　　寓言者，有寄託之言也。謂言在此在意在彼也。其表達方式，以比喻法行之，即詩之比也。〔註77〕

按：右引三氏的說法，以朱得之的說法比較接近事實，程、葉兩氏的說法顯然有誤。如前所述（第二節、莊子寓言是什麼？），莊子寓言的表現方式是：「藉外論之」。（〈寓言〉篇，頁948）所謂「藉外論之」，就是立言者將其所要敘述的觀點由自己轉移到其他人物身上，藉著其他人物之口齒將自己的思想、觀點敘說出來。這與「比」的作法「以彼物比此物」，同樣地都是不直接地陳述，可以說是相類似的。朱得之獨具隻眼地看出「比」與寓言在作法上是相類似的，殊屬難能可貴。至於程、葉二氏則由於不明白「六義」的意義，強將屬於作法的「比」歸於體裁之下，致使「比」與寓言的真正關係，混淆不清。〔註78〕

　　綜觀以上的論述，我們可以肯定的指出，莊子的寓言與詩之比，在作法上確實是相類似的。

八、莊子寓言的角色

　　莊子寓言的表現方式是「藉外論之」。（〈寓言〉篇，頁948）宋林希逸說：

　　　　藉，借也。不出於己而出於他人曰外。故曰藉外論之。〔註79〕

〔註75〕見朱得之撰《莊子通義》，藝文印書館印行。
〔註76〕見程以寧撰《南華真經注疏》，藝文印書館印行。
〔註77〕見葉程義著《莊子寓言研究》〈緒論〉，頁1，義聲出版社印行。
〔註78〕劉大白說：「六義底名目，見於毛詩大序：它底次序是一曰風，二曰賦，二曰比，四曰興，五曰雅，六曰頌。風、雅、頌三項，是詩底分類；賦、比、興三項，是詩底作法。」（見《古史辨》第三冊下編182、六義，頁686，明倫出版社印行）
〔註79〕見林希逸撰《莊子口義》，藝文印書館印行。

林氏所說的「外」，也就是我們題目所稱的「角色」。歷來研究莊子的學者，大都會約略的提及莊子寓言的角色。如元陳深說：

> 寓言，寄託而言也。如鵬、鯤、泰清、無始之類。〔註80〕

陳深所指「如鵬、鯤、泰清、無始之類」，就是莊子寓言所使用的角色。據莊萬壽的統計，莊子寓言的角色計有：動物約一百二十種，植物約五十種，人物約三百五十人。〔註81〕莊子寓言的角色的廣博豐富，於茲可見一斑。依其種類的不同，又可析分為四類：（一）範概性的無名人物、（二）動植物或無生物、（三）神仙鬼怪、（四）依意托名。前三類角色，先秦諸子都曾使用過，最後一類——依意託名則為莊子所獨創，最具特色。茲舉例如下：

（一）範概性的無名人物

〈逍遙遊〉：

瞽者：《說文》：「瞽，目但有朕也」。〔註82〕

《釋名》：瞽，鼓也。瞑瞑然目平合如鼓皮也。眊者目合而有見，瞽者目合而無見。〔註83〕

按：此泛指眼睛看不見的人。

聾者：《說文》：「聾，無聞也」。〔註84〕

按：此泛指耳朵聽不到的人。

宋人：李勉說：「宋人係殷之後裔（微子封於宋）」。〔註85〕

按：此泛指宋國的人。

〈人間世〉：

匠伯：李勉說：「伯，長者之稱。匠伯指木匠之領首也。俗所謂工頭是也」。

〔註86〕

〈知北遊〉：

中國有人焉：成玄英《疏》：「中國，九州也」。〔註87〕

〔註80〕見元陳深撰《莊子品節》，藝文印書館印行。
〔註81〕參閱莊萬壽著《莊子學述》，頁94。
〔註82〕見段玉裁著《說文解字注》，頁136，藝文印書館印行。
〔註83〕同註82。
〔註84〕見《說文解字注》，頁59。
〔註85〕見李勉著《莊子總論及分篇評註》，頁47，臺灣商務印書館印行。
〔註86〕見李勉著《莊子總論及分篇評註》，頁124，臺灣商務印書館印行。
〔註87〕見清郭慶藩輯《莊子集釋》，頁745，河洛圖書公司印行。

按：此泛指九州的人。

（二）動植物或無生物

1. 動　物

〈逍遙遊〉：

鯤：羅勉道說：「《爾雅》：鯤，魚子」。〔註88〕

鵬：崔譔說：「鵬，古鳳字」。〔註89〕

〈德充符〉：

狶：《釋文》：「狶本作豚」。〔註90〕

《說文》：「豚，小豕也。」〔註91〕

段《注》：「方言，『豬，其子或謂之豚，或謂之豬』。」〔註92〕

〈列禦寇〉：

驪：《詩魯頌・駉》：「有驪有黃」。〔註93〕

《傳》：「純黑曰驪。」〔註94〕

按：驪就是純黑色的馬。

2. 植　物

〈逍遙遊〉：

冥靈：李頤說：「冥靈，木名也」。〔註95〕

樗：成玄英《疏》：「樗，栲漆之類，嗅之甚臭，惡木者也」。〔註96〕

3. 無生物：

〈至樂〉：

髑髏：《說文》：「髑髏，頂也」。

桂《註》：「《御覽》引作『髑髏，頭也』。」

《玉篇》：「髑髏，頭也。」

〔註88〕見錢穆著《莊子纂箋》，頁1。

〔註89〕同註88。

〔註90〕見清郭慶藩輯《莊子集釋》，頁210。

〔註91〕見《說文解字注》，頁461。

〔註92〕同註91。

〔註93〕本資料引自黃海華撰《戰國寓言研究》。

〔註94〕同註93。

〔註95〕同註88。

〔註96〕見清郭慶藩輯《莊子集釋》，頁39。

《廣雅》：「瑣顱謂之髑髏」。

　　干寶《晉紀》：「南風烈烈吹白沙，千歲髑髏生齒牙」。〔註97〕

按：髑髏就是人的頭骨。

〈知北遊〉：

瓦甓：呂惠卿《註》：「瓦甓無生而有形」。〔註98〕

（三）神仙鬼怪

〈在宥〉：

廣成子：《神仙傳》：「古仙人」。〔註99〕

〈秋水〉：

河伯：司馬說：「清泠傳曰：『馮夷，華陰潼鄉堤首人也。服八石，得水
　　　　仙，是為河伯』。」〔註100〕

按：河伯就是河神。

北海若：李云：「北海，東海之北是也」。〔註101〕

司馬云：「若，海神」。〔註102〕

按：北海若就是東海之北的海神。

〈達生〉：

雷霆：成玄英《疏》：「門戶內糞壤之中，其間有鬼，名曰雷霆」。〔註103〕

倍阿鮭蠪：成玄英《疏》：「入宅中東北牆下有鬼，名倍阿鮭蠪，躍狀如
　　　　　小兒，長一尺四寸，黑衣赤幘，帶劍持戟」。〔註104〕

〈秋水〉：

夔：《山海經》云：「東海之內，有流波之山，其山有獸，狀如牛，蒼色，
　　無角，一足而行，聲音如雷，名之曰夔」。〔註105〕

按：夔就是一足的怪獸。

〔註97〕本資料引自《辭海》，頁3261，臺灣中華書局印行。

〔註98〕見明焦竑撰《莊子翼》，頁193，廣文書局印行。

〔註99〕本資料引自顏崑陽著《莊子的寓言世界》，尚友出版社印行。

〔註100〕見清郭慶藩輯《莊子集釋》，頁249。

〔註101〕見清郭慶藩輯《莊子集釋》，頁562。

〔註102〕同註101。

〔註103〕見清郭慶藩輯《莊子集釋》，頁652。

〔註104〕同註103。

〔註105〕見清郭慶藩輯《莊子集釋》，頁592。

（四）依意托名

〈應帝王〉：

南海之帝儵：李云：「喻有象也」。〔註106〕

北海之帝忽：李云：「喻無形也」。〔註107〕

中央之帝渾沌：李云：「此喻自然也」。〔註108〕

〈知北遊〉：

無爲謂：顏崑陽說：「無作爲，無言辯，以喻至道」。〔註109〕

狂屈：顏崑陽說：「喻猖狂放屈，不拘形迹」。〔註110〕

泰清：顏崑陽說：「喻至道」。〔註111〕

〈至樂〉：

支離疏：李云：「支離忘形」。〔註112〕

滑介叔：李云：「滑介忘智」。〔註113〕

由以上的徵引，我們可以很明顯的看出，莊子寓言的角色是相當豐富的，這豐富異常的角色，確實爲旖旎多采的寓言，增添不少色彩。

九、小 結

綜合本節的論述來看，莊子在先秦寓言文學當中，他是可以穩然坐上第一把交椅的。〔註114〕而他所以能夠領袖群倫獨占鰲頭，可從（一）文體、（二）數量、（三）題材、（四）角色、（五）形式等五方面看出他的特色所在：

（一）就文體而言：莊子是中國文學史上第一個肯定寓言這種文體的。

〔註106〕見清郭慶藩輯《莊子集釋》，頁309。

〔註107〕同註106。

〔註108〕同註106。

〔註109〕見顏崑陽著《莊子的寓言世界》，頁153。

〔註110〕同註109。

〔註111〕同註109。

〔註112〕見清郭慶藩輯《莊子集釋》，頁616。

〔註113〕同註112。

〔註114〕譚正璧說：「《莊子》亦名《南華經》。今存三十三篇，其中眞假參變。作者以思想家而擅長文學，胸宇宏豁，識趣靈峻，故爲文縱橫跌宕，奇氣迫人，極盡變化幽渺之致。他所寫的怪誕的寓言，如〈逍遙遊〉的鯤鵬之化，〈應帝王〉的渾沌之死，〈在宥〉的雲將遇鴻蒙，〈秋水〉的河伯遇北海若，〈則陽〉的蠻觸之爭……莫不宏肆奇麗，令讀者爲之炫目。在寓言文學當中，他是可以穩坐著第一把交椅的。」（見譚正璧著《中國文學史》，頁54，華正書局印行）

（二）就數量而言：莊子是第一個大量地運用寓言以從事表意的偉大哲學家，所謂「寓言十九」，可見寓言在《莊子》書上佔有相當多的篇幅。

（三）就題材而言：莊子寓言的題材包括有 1. 神話，2. 小說。當中，小說一項，又可以視為近小說的祖先。

（四）就角色而言：莊子寓言的角色相當豐富，依其種類的不同，又可析分為：1. 範概性的人物，2. 動植物或無生物，3. 神仙鬼怪，4. 依意托名的象徵性人物等四類。其中尤以依意托名的象徵性人物最具特色。

（五）就形式而言：莊子寓言的表達方式是「藉外論之」，在這種表達方式之下，依其手法的不同，又可析分為：1. 譬喻式，2. 設問式，3. 藉敘事以說理，4. 藉敘事以寓理，5. 造境式等五種形式。其中尤其以造境式的寓言更是莊子獨特的語言藝術。

第三節　重　言

一、莊子重言是什麼？

　　「重言」是《莊子》書上三種文體當中的一種。〔註115〕那麼，重言是什麼呢？

　　唐陸德明《經典釋文》說：

　　　重言，謂為所重之言也。〔註116〕

可見「重言」，就是權威人士所說的話。那麼所謂的「權威人士」究竟有那些？

〈寓言〉篇說：

　　　重言十七，所以已言也，是為耆艾。年先矣，而無經緯本末以期年
　　　耆者，是非先也。人而無以先人，無人道也；人而無人道，是之謂
　　　陳人。（〈寓言〉篇，頁 949）

依照〈寓言〉篇所訂的標準，《莊子》書上所引重的權威人士，大致可分為二

〔註115〕郎擎霄說：「莊子文思寬大，文體不一，據周自謂，不外乎寓言、重言、卮言三者。」（見郎擎霄著《莊子學案》，頁 203，河洛圖書公司印行）
〔註116〕見清郭慶藩輯《莊子集釋》，頁 947，河洛圖書公司印行。

類：（一）歷史上爲人所尊重的人物，（二）莊子所虛構的上古得道之人。前者如堯、舜、文、武、周公、孔子、顏回、莊子、老聃、惠子、及墨子等人；後者如伯昏無人、意而子、老龍吉、古之人、天人、至人、神人、眞人……等等。〔註117〕

然而，不論是歷史上的眞實人物或是莊子所杜撰的人物，他們都只是被莊子拿來替代自己敘說思想、觀念的玩偶而已。〔註118〕

二、莊子筆下的堯舜及孔子

堯舜及孔子，他們可以說是儒家理想的象徵。後儒大都拿他們來爲自己的意識型態作辯護；當作自己學說的代言人。如《論語·子罕篇》記載：

達巷黨人曰：「大哉孔子，博學而無所成名。」〔註119〕

這是讚美孔子博學道藝，不成一名。

《孟子·滕文公》上：

言必稱堯舜。〔註120〕

孟子簡直就是把堯舜給神聖化了。然而，這些被儒家捧爲至高無上的聖人，到了《莊子》書上，卻個個都走了樣子。

如〈逍遙遊〉說：

塵垢粃糠，將猶陶鑄堯舜者也。（〈逍遙遊〉篇，頁31）

〈則陽〉說：

〔註117〕參閱王爾晉撰《超絕千古的散文——莊子》，頁36，《建設》，21期。

〔註118〕對於先秦諸子託古改制的問題，康有爲曾經說過：「莊子一書所稱黃帝、堯、舜、孔子、老聃，皆是寓言。既自序出，人皆知之。然此實戰國諸子之風，非特莊子爲然，凡諸子皆然。所謂親父不爲其子媒，親父譽之，不若非其父者也。故必託之他人而爲寓言。寓言於誰，則少年不如耆艾，今人不如古人。耆古之言則見重矣。耆艾莫如黃帝、堯、舜，故託於古人以爲重，所謂重言也。凡諸子託古皆同。」（見康有爲著《孔子改制考》，卷四，〈諸子改制託古考〉，臺灣商務印書館印行。》

按：康有爲將莊子所以引重權威人士的理由歸於「託於古人以爲重」並與其它諸子託古之風雜在一起，這顯然是不對的。不錯，莊子重言的表達方式是借重古先聖哲或是當時的名人來替代自己說話，表達自己的思想、情感，以壓抑時論，止息爭辯。不過莊子的眞意，並不是在於崇拜古先聖哲或是當時的名人，而是利用世人崇拜偶像的心理，來借著偶像說話的，這與康氏的看法，顯然大有逕庭。

〔註119〕見《論語注疏》，頁77，藝文印書館印行。

〔註120〕見《孟子注疏》，頁88，藝文印書館印行。

堯舜，人之所譽也，道堯舜於戴晉人之前，譬猶一吷也。（〈則陽〉
篇，頁 894）

〈天運〉說：

夫德遺堯舜而不爲也。（〈天運〉篇，頁 499）

莊子對於堯、舜的菲薄之意，很明顯地可以從此看出。至於孔子，莊子又是
如何對待他呢？就內七篇而言，莊子的重要思想，大抵上是藉著孔子之口而
敘說出來的。〔註 121〕可見莊子對於孔子並沒有存著敵意。不過，我們若是
再仔細檢查一下，《莊子》內七篇當中，亦不乏有批評孔子的話。如〈齊物
論〉記載：

瞿鵲子問乎長梧子曰：「吾聞諸夫子，聖人不從事於務，不就利，不
違害，不喜求，不緣道；無謂有謂，有謂無謂，而遊乎塵垢之外。
夫子以爲孟浪之言，而我以爲妙道之行也。吾子以爲奚若？」長梧
子曰：「是黃帝之所聽熒也，而丘也何足以知之！且女亦大早計，早
卯而求時夜，見彈而求鴞炙。……」（〈齊物論〉，頁 97～99）

這是說明孔子根本不明白破除是非的「無謂有謂，有謂無謂」的〈齊物論〉；
更不明白「不就利，不違害，不喜求，不緣道」，因任自然，「而遊乎塵垢之
外」的〈逍遙遊〉。又如〈德充符〉記載：

魯有兀者叔山無趾，踵見仲尼。仲尼曰：「子不謹，前既犯患若是矣。
雖今來，何及矣！」無趾曰：「吾唯不知務而輕用吾身，吾是以亡足。
今吾來也，猶有尊足者存，吾是以務全之也。夫天無不覆，地無不
載，吾以夫子爲天地，安知夫子之猶若是也！」孔子曰：「丘則陋矣。
夫子胡不入乎，請講以所聞！」無趾出。孔子曰：「弟子勉之！夫無
趾，兀者也，猶務學以複補前行之惡，而況全德之人乎！」無趾言
老聃語：「孔丘之於至人，其未邪？彼何賓賓以學子爲？彼且蘄以諔
詭幻怪之名聞，不知至人之以是爲己桎梏邪？」老聃曰：「胡不直使
彼以死生爲一條，以可不可爲一貫者，解其桎梏，其可乎？」無趾
曰：「天刑之，安可解！」（〈德充符〉，頁 202～205）

這是批評孔子如同一般俗人，但以人的形軀的全、缺作爲判斷爲惡或爲善的
準則，而不能超脫形軀的拘束以達全德的境界，因此，才會被叔山無趾譏之

〔註 121〕參閱黃錦鋐著〈莊子筆下的孔子〉，載《莊子及其文學》，頁 106～110，東大
　　　　圖書公司印行。

以「天刑之,安可解」。

由此可見,莊子對於孔子的態度,比起後儒來,眞有天壤之別。

對於莊子所以菲薄堯舜與孔子的眞正用意,明楊愼、釋德清都曾極力地為莊子作解釋。楊愼說:

> 莊子,憤世嫉邪之論也。人皆謂其非堯舜、罪湯武、毀孔子,不知莊子矣。莊子未嘗非堯舜也,非彼假堯舜道,而流爲噲者也。未嘗罪湯武也,罪彼假湯武之道,而流爲白公者也。未嘗毀孔子也,毀彼假孔子之道,而流爲子夏氏之賤儒,子張氏之賤儒者也。〔註122〕

釋德清說:

> 世人但見莊子誹堯舜、薄湯武、詆訾孔子之徒,以爲驚異,若聞世尊訶斥二乘,以爲焦芽敗種;悲重菩薩,以爲佛法闡提,又將何如耶?然而,佛訶二乘,非訶二乘,訶執二乘之迹者,欲其捨小趣大也。所謂莊詆孔子,非詆孔子,詆學孔子之迹者也。欲其絕望棄智也。要皆遣情破執之謂也。〔註123〕

按:二氏的說法,大抵近似。它們都以爲莊子所菲薄的,並不是堯舜及孔子,而是那些學習堯舜及孔子之迹者。其實二氏的辯解可以說是爲蛇添足,多此一舉的。因爲就莊子而言,本來就無心於菲薄堯舜及孔子,而他之所以選上堯舜及孔子做爲自己思想、觀念的代言人,乃因於他早已看透世人都存有貴遠賤近、向聲背實的崇拜偶像的弱點,因此,才假借一些被世人公認爲值得敬重的人物如堯舜及孔子等,拿他們來替代自己說話,發表思想、觀念。至於後人所以說莊子有意菲薄堯舜及孔子,或說莊子所菲薄的不是堯舜及孔子,而是學堯舜及孔子之迹者,類似這種無謂的爭議,追究其所以產生的原因,就在於這些人根本不了解莊子重言的表達方式究竟是如何的!明白了這個道理,也就不必爲堯舜及孔子的擁有數重人格而感到困惑不解了!

三、莊子重言與詩之興

「重言」是《莊子》三種文體當中的一種,「興」則是《詩經》三種寫作技巧當中的一種;前者是一種文學體裁,後者則是一種寫作方法,將它們兩

〔註122〕本資料引自顧實著《中國文學史大綱》,頁78,文海出版社印行。
〔註123〕見釋德清撰《觀莊老影響論》,頁33,廣文書局印行。

個拿來相提並論，難免有些不當。然而，我們若能拋開體裁與作法的界而純粹就作法觀點來加以立論，那麼，我們即將發現「重言」與「興」在某些方面確實是很相似的。

「興」這名詞首見於《周禮》。不過《周禮》只是約略提到「興」的名稱而已，其它則別無援據。《毛詩》說：

> 興，見今之美，嫌於媚諛，取善事以喻勸之。〔註124〕

鄭司農說：

> 興者，託事於物。

又說：

> 興者，起也；取譬引類，起發己心，詩文諸舉鳥獸以見意者，皆興
> 辭也。〔註125〕

依照毛、鄭二氏所說，則「興」就是一種比喻法的寫作技巧。如此一來，將使「興」與「比」的區別，混淆不清了。到了朱熹，對於「興」的看法，已有改變。他說：

> 興者，先言他物以引發所詠之詞也。〔註126〕

又說：

> 有全不取義。〔註127〕

同時，他在解釋〈周南·小星〉這首詩時，說：

> 蓋眾妾進御於君，不敢當夕，見星而往，見星而還，故因所見以起
> 興，其於義無所取，特取「在東」「在公」兩字之相應耳。〔註128〕

依照朱子的說法，「興」就是一種聯想法的寫作技巧，所謂「先言他物以引起所詠之詞也」。它的主要意義只是在於湊韻而已，至於內容上，則不必相關聯。朱子這種說法，比較接近「興」的意義。然而，當我們拿著朱子為「興」所下的意義去衡量詩經上的興詩時，卻發現有些興詩並不像朱子所說的「有全不取義」，只在湊韻而已。舉例來說：

> 有兔爰爰，雉離于羅，我生之初尚無為，我生之後，逢此百罹，尚

〔註124〕本資料引自何定生著〈關於詩的起興〉，載《古史辨第三冊下編》，頁 694，
　　　　明倫出版社印行。
〔註125〕同上註。
〔註126〕本資料引自顧頡剛著〈起興〉，載《古史辨第三冊下編》，頁673。
〔註127〕同註124。
〔註128〕同註124。

寢無吪。〔註129〕

《毛詩》說這是一首興詩。〔註130〕依照朱子對「興」所下的定義，那麼本詩的前二句「有兔爰爰，雉離于羅」只能在音韻上與「罹」「吪」相湊韻，此外，便不能在意義與後三句有所關聯，而事實上有兔的無所拘制，爰爰然而緩與有雉的離於羅網之中而急，又與王政的用心緩急有關。〔註131〕可見朱熹對「興」所下的定義，仍嫌不夠周詳。個人以為對於「興」的定義下得比較圓融的，當推民國鍾敬文。他說：

> 我以為興詩若要詳細點剖釋，那麼，可以約分作兩種：一、只借物以起興，和後面的歌意了不相關的，這可以叫它做「純興詩」。二、借物以起興，隱約中兼略暗示點後面的歌意的，這可以叫它「興而帶比意的詩」。……等二類……頗有點像隱比，但細玩之，又不似有意的運用而只是偶然興會的話，所以我們仍不妨把它看作起興。我想，如要再恰當的一點的說，不如稱它做興而比也吧了。〔註132〕

依照鍾氏的說法，〈王風・兔爰〉這首詩就屬於「興而比也」的詩。因此，前二句「有兔爰爰，雉離于羅」不僅是與「罹」「吪」湊韻而已，同時，在意義上仍可以與後三句有關聯。不過，它與「比」的有意借一物以比另一物，則又不大一致。這點千萬要分別清楚。

「興」既然只是借物以起興，它和後面的歌意不必有關，即使偶而有關，也是偶然的興會而已。這與莊子重言的作法可以說是暗相冥契的。

如前所述（第一節、莊子重言是什麼？），莊子重言的表達方式是引重權威人士替代自己說話。在引重權人士時，莊子的意見有時會與所引重的人士的意見吻合，〔註133〕然而，莊子並非有意地跟他們持著同樣的意見，而是他們的意見適巧與莊子相同；〔註134〕有時，莊子的意見則與所引重的人士意見完全無干。〔註135〕他們只是被莊子拿來起個頭，以便作為發表自己

〔註129〕見《詩經・王風兔爰》，頁152，藝文印書館印行。
〔註130〕見《詩經・王風兔爰引毛詩語》，頁151。
〔註131〕參閱《毛詩正義》，頁152。
〔註132〕見《古史辨》，第三冊下編，頁681～682。
〔註133〕如〈逍遙遊〉引《齊諧》語，〈人間世〉引《法言》。
〔註134〕參閱張默生著《莊子新釋》上冊三、〈莊子研究答問〉，頁12，洪氏出版社印行。
〔註135〕如〈人間世〉假孔子與顏回二人的對話，以說明心齋的道理，而事實上，孔、顏並無如此的主張。

的意見的幌子而已。可見前者如同「興而比」；後者如同「純興詩」。因此，
我們可以如此說：莊子的重言與詩之興，如果撇開體裁與作法的分別，而專
就作法這一觀點來加以立論，那麼，莊子的重言與詩之興，可以說是相類似
的。

四、寓言十九、重言十七及寓言中含有重言、重言中含有寓言

〈寓言〉篇說：

> 寓言十九，重言十七。（〈寓言〉篇，頁947）

宋羅勉道說：

> 十九、十七：十中有九，十中有七也。〔註136〕

既然寓言已佔全書的十分之九，如何重言又可佔有全書的十分之七呢？對於
筆賬的算法，清姚鼐有獨到的看法，他說：

> 莊生書，凡託爲人言者，十有其九。就寓言中，其託爲神農、黃帝、
> 堯舜、孔顏之類，言足爲世重者，又十有其七。〔註137〕

依照姚鼐的說法，十九、十七的分別，只在於角色的使用上有所不同而已。
凡是引重權威人士的說話的，就屬於重言的形式；此外，藉用一般擬人化的
說話的，就屬於寓言的形式。因此，寓言的佔了全書十分之九，就不害於重
言的佔有十分之七。

由於寓言、重言的主要區別，只在於角色的使用上有所不同，至於同爲
「藉外論之」的表現方式，則無二效。因此，《莊子》書上，時常會出現有寓
言、重言交錯運用的情況。如〈逍遙遊〉篇記載：

> 北冥有魚，其名爲鯤。不知其幾千里也。化而爲鳥，其名爲鵬。
> 鵬之背，不知其幾千里也；怒而飛，其翼若垂天之雲。是鳥也，
> 海運則將徙於南冥。南冥者，天池也。齊諧者，志怪者也。諧之
> 言曰：「鵬之徙於南冥也。水擊三千里，摶扶搖而上者九萬里，去
> 以六月息者也。」野馬也，塵埃也，生物之以息相吹也。天之蒼
> 蒼，其正色邪？其遠而無所至極邪？其視下也，亦若是則已矣。
> 且夫水之積也不厚，則其負大舟也無力。覆杯水於坳堂之上，則
> 芥爲之舟；置杯焉則膠，水淺而舟大也。風之積也不厚，則負大

〔註136〕見羅勉道撰《莊子循本》，頁57，藝文印書館印行。
〔註137〕見姚鼐著《莊子章義》，頁64，藝文印書館印行。

翼也無力。故九萬里，則風斯在下矣，而後乃今培風；背負青天
而莫之夭閼者，而後乃今將圖南。蜩與學鳩笑之曰：「我決起而飛，
槍榆枋，時則不至而控於地而已矣，奚以之九萬里而南爲？」適
莽蒼者，三湌而反，腹猶果然；適百里者，宿舂糧；適千里者，
三月聚糧。之二蟲又何如！小知不及大知，小年不及大年。奚以
知其然也？朝菌不知晦朔，蟪蛄不知春秋，此小年也。楚之南有
冥靈者，以五百歲爲春，五百歲爲秋，上古有大椿者，以八千歲
爲春，八千歲爲秋，而彭祖乃今以久特聞，眾人匹之，不亦悲乎！
（〈逍遙遊〉，頁 2～11）

這是說明燕雀焉知鴻鵠之志的道理。當中所使用的角色，除了一些擬人化的
鯤魚、鵬鳥、蜩蟬、學鳩、朝菌、蟪蛄、冥靈、大椿之外，尚有引重齊諧的
話及彭祖這歷史上的人物。可見，這是寓言與重言交互使用的形式。又如人
間世記載：

孔子適楚，楚狂接輿遊其門曰：「鳳兮鳳兮，如德之衰也！來世不
可待，往世不可追也。天下有道，聖人成焉；天下無道，聖人生焉。
方今之時，僅免刑焉。福輕乎羽，莫之知載；禍重乎地，莫之知避。
已乎已乎，臨人以德！殆乎殆乎，畫地而趨！迷陽迷陽，無傷吾行！
吾行卻曲，無傷吾足！」山木自寇也，膏火自煎也。桂可食，故伐
之；漆可用，故割之。人皆知有用之用，而莫知無用之用也。（〈人
間世〉，頁 183～186）

這是說明「人皆知有用之用，而莫知無用之用也」的道理。當中所使用的角
色，除了孔子、接輿等歷史上爲人所敬重的人物之外，尚有一些擬人化的角
色，如鳳、山木、膏火等。可見，這也是重言與寓言交互使用的形式。

然而，這並不表示「寓言中含有重言」及「重言中含有寓言」兩種形式，
也是純然獨立的文體。因爲就〈寓言〉篇所說：

寓言十九，重言十七，巵言日出，和以天倪。（〈寓言〉篇，頁 947）

《莊子》書上才有三種文體而已。因此，它們只能夠算爲「寓言」、「重言」
兩種文體的靈活運用罷了。至於分別它們的方法，個人以爲，可以所用角色
出現的先後爲標準。如果首先出現的角色是屬於寓言的，後出現的是屬於重
言的，即可將之歸類於「寓言中含有重言」的類型之下；反之，則可將它歸
於「重言中含有寓言」的類型之下。

五、小　結

綜合本節的論述來看，所謂「重言」，就是引重權威人士來說話。這裡所謂的「權威人士」，包括歷史上為人所敬重的人物及莊子杜撰的得道的理想人物。然而，不論是前者，還是後者，他們都只是莊子思想的代言人而已。至於莊子所以要引重於他們，並非抱著「託古以自重」的心態，而是莊子早已清楚的看出世人大都擁有貴遠賤近、向聲背實的崇拜偶像的心理。因此，乃想利用這個弱點，希望借著為世人所敬重的人物來說話，使自己的思想、觀念更容易打進世人的心扉，為庸庸碌碌的俗人所接受。明白了這個道理，也就可以不必為了《莊子》書上所引重的人物一人而擁有數重人格而感到困惑不解了！

第四節　巵　言

一、莊子巵言是什麼？

《莊子》三種文體當中，以「巵言」最為人們所忽略。歷來研究《莊子》的學者，大都籠統地將「巵言」歸之於寓言、重言之中，而後，又就《莊子》表意的本質是「無心之言」的觀點，將寓言、重言全部統攝在巵言之下。致使原為《莊子》三種文體之一的「巵言」，真象不明。

個人以為若要明白「巵言」這文體的真象，可從：

（一）就〈寓言〉篇的文章結構談起

〈寓言〉篇說：

> 寓言十九，重言十七，巵言日出，和以天倪。（〈寓言〉篇，頁 947）

按：就文章結構而言，很明顯地可以看出寓言、重言、巵言三者並沒有主從的關係，他們可以說是並列於同等的地位。既然寓言、重言都是獨立的文體，與寓言、重言並列於同等地位的巵言，當然也是一種獨立的文體，因此，朗擎霄：

> 莊子文思寬大，文體不一，據周自謂，不外乎寓言、重言、巵言三者。〔註138〕

可見寓言、重言、巵言確實是三個各自獨立的文體。

〔註138〕見郎擎霄著《莊子學案》，河洛圖書公司印行。

（二）就《莊子》書上屬於卮言的實例而言

　　如前二章所述，寓言與重言在角色的選用上，雖然有所不同，不過，大體而言，他們二種文體的表意方式都是立言者不直接將自己的思想、觀念敘說出來，而將之轉移於其他人物身上以說出。《莊子》書上的言論，以這種方式寫成的，可以說佔有大部份。因此說：「寓言十九，重言十七」。（〈寓言〉篇，頁 948）不過，《莊子》書上也存有少許不以「藉外論之」的方式來表達，而直接自己的思想、觀點敘述出來的。如〈齊物論〉說：

> 物無非彼，物無非是。自彼則不見，自知則知之。故曰彼出於是，是亦因彼，彼是方生之說也，雖然，方生方死，方死方生；方可方不可，方不可方可；因是因非，因非因是。是以聖人不由，而照之於天，亦因是也。是亦彼也，彼亦是也。彼亦一是非，此亦一是非。果且有彼是乎哉？果且无彼是乎哉？彼是莫得其偶，謂之道樞。樞始得其環中，以應無窮。是亦一無窮，非亦一無窮也。故曰莫若以明。以指喻指之非指，不若以非指喻指之非指也；以馬喻馬之非馬，不若以非馬喻馬之非馬也。天地一指也，萬物一馬也。（〈齊物論〉，頁 66）

這是說明是非生於主觀之心的道理。很明顯地可以看出，在此，莊子並未假借任何角色來說話，而直接的將自己所要表達的思想、觀點敘說出來。又如〈養生主〉說：

> 吾生也有涯，而知也無涯。以有涯隨無涯，殆已；已而為知者，殆而已矣。為善無近名，為惡無近刑。緣督以為經，可以保身，可以全生，可以養親，可以盡年。（〈養生主〉，頁 115）

這是說明養生必須順其自然的道理。如同右引的例子，莊子並沒有假借任何角色來說話。

　　由以上兩個方向的探討，我們可以對「莊子卮言是什麼？」這個問題，得到一個初步的定義，所謂「卮言」，它是《莊子》三種文體當中的一種，它的表達方式是：立言者直接將自己所要表達的思想、觀念，以一般的語言、文字表現出來，當中不必摻有任何的角色。

二、《莊子》卮言與《詩》之賦

　　「卮言」是《莊子》三種文體當中的一種；「賦」則是《詩經》三種寫作

技巧當中的一種。既然「卮言」是一種文學體裁，而「賦」則是一種寫作技巧，那麼，他們兩者顯然是不可以相提並論的，不過，任何一種文學體裁，必有它獨特的寫作技巧，如果我們能將體裁與作法的鴻溝打破，而專就寫作技巧來加以立論，那麼，我們即將發現《莊子》卮言與《詩》之賦是有些類似的。關於「賦」：

　　鄭玄《周禮・春官注》說：

　　　　賦之言鋪，直鋪陳今之政教善惡。〔註139〕

　　鍾嶸《詩品》說：

　　　　直書其事，盡言寫物也。〔註140〕

　　朱熹《詩集傳》說：

　　　　賦者，直陳其事，而直言之者也。〔註141〕

按：綜觀以上三家的說法，所謂「賦」就是敷的意思。換句話說，就是「敷陳其事，直寫心志，不假附記，情物俱盡」，也可以說是修辭學中的直敘法。〔註142〕

　　「賦」的定義既明，那麼「賦」與「卮言」之異同究竟如何？如前所述（第一節、莊子卮言是什麼？）「卮言」的作法是立言者直接將自己的思想、觀念敘說出來，不必假於任何角色之口。而「賦」的作法則是「敷陳其事，直寫心志，不假附記，情物俱盡」。由此可見，《莊子》卮言與《詩》在作法上是相類似的。

三、小　結

　　賦、比、興是《詩經》的三種寫作技巧。當中，以「興」的作法引起世人最多的爭論，據個人所知，截至目前為止，有關「興」的作法問題，仍議論紛紛未見有確定的論述。這與三言當中的「卮言」，在作法上，一向乏人問津，可以說是構成一個明顯的對比。歷來研究《莊子》的學者，對於三言的形式，大都只注意到寓言、重言兩種，至於卮言，則轉就《莊子》表意本質是如漏斗般的說話，這個觀點來加以立論，致使與寓言、重言並列同等地位的卮言，原來

〔註139〕本資料引自劉必勁著《中國文學史綱》，環球書局印行。
〔註140〕同註139。
〔註141〕同註139。
〔註142〕參閱劉必勁著《中國文學史綱》，頁66，環球書局印行。

也是《莊子》的文體之一的真相，湮滅而不彰。對此問題，個人深深地為卮言的被忽視而感到委屈。因此，乃不自量力的，試著由（一）〈寓言〉篇的文章結構、（二）《莊子》書上屬於卮言的實例等兩個方向去加以探討，結果發現卮言確實是有別於寓言及重言的。既然寓言、重言都是獨立的文體，當然可以推出卮言也是《莊子》的文體的一種，它的表達方式就是使用一般的語言、文字，直接將思想、觀念敘說出來，不必假借任何人物（角色）來敘說。就不假於物，直寫心志這點來說，它又與詩之賦可以說是類似的。

第五節　結　論

　　綜合本章的論述來看，莊子的表意媒介——三言，若就本質而言，他們之間並沒有什麼分別。不過，若就形式而言，則三言顯然是有所不同的。寓言及重言的表達方式，雖然都以「藉外論之」，即借著某些角色的說話，把自己的思想、觀念表達出來。不過就角色的使用而言，寓言所使用的，大都是一些虛構的擬人化的人物，重言則擁有部份真實的人物，可見寓言與重言是有別的。至於卮言，則全然不假任何角色而直接將自己的思想、觀念敘說出來。其與寓言、重言的必須假借角色來敘說，是迥然不同的。然而，不論是寓言，或是重言，或是卮言，他們都只是莊子拿來作為表達自己的思想、觀念的方便法門而已，莊子的真正用意絕非以創造三言的表意方式而感到滿足。因此，當我們在瞭解了莊子的表意方式之後，絕不能執迹於三言的分別，而必須只將它視為體悟莊子的思想、觀念的鑰匙，持著這把鑰匙，去打開莊子思想的大門，進而深入其思想的堂奧，感受其百官之富、宗廟之美，才是真正的要緊處。

第四章 莊子用三言以說明道的舉例

引　言

　　第三章談到，莊子的表意方式可分爲寓言、重言、卮言、寓言中含有重言、重言中含有寓言等五種類型。本章將依照這五種類型當中，關於「道」的部份，選出寓言六則，重言七則、卮言四則、寓言中含有重言二則、重言中含有寓言七則，總計二十六則，一一加以剖析。希望透過本章的剖析之後，能夠從而領悟莊子之道的眞諦。當然，要了解莊子之道，最好是能從莊子的全部著作中去研究，不過部份與整體是不能分離的，我們了解其中的一部份，正所以求了解其整體。以下即依照一、寓言以明道，二、重言以明道，三、卮言以明道，四、寓言中含有重言以明道，五、重言中含有寓言以明道的秩序，分別加以詳述之如下。

第一節　莊子用寓言以說明道的舉例

第一則

　　可乎可，不可乎不可。道得之而成，物謂之而然。惡乎然？然於然。惡乎不然？不然於不然。物固有所然，物固有所可。無物不然，無物不可。故爲是舉莛與楹，厲與西施，恢詭譎怪，道通爲一。其分也，成也；其成也，毀也。凡物無成與毀，復通爲一。唯達者知通爲一，爲是不用而寓諸庸。庸也者，用也；用也者，通也；通也者，

得也；適得而幾矣。因是已。已而不知其然，謂之道。勞神明爲一
而不知其同也，謂之朝三。何謂朝三？狙公賦芧，曰：朝三而暮四，
眾狙皆怒。曰：然則朝四而暮三，眾狙皆悅。名實未虧而喜怒爲用，
亦因是也。是以聖人和之以是非而休乎天鈞，是之謂兩行。（〈齊物
論〉，頁 69〜70）

【剖析】

　　這段話的主旨在於說明對於事理的看法，當求其相通處，不可偏執成見，
以作虛妄的分別。如不得已，對於事理的是非然否，大小美醜，及種種的相
狀，要有所說明時，亦當因其天然的分際，如此，才可以由偏見全。文中兩
提「因」字，而又主張和調是非，以休乎天鈞；不惟對事物的看法不可固執
己見，就是勞神焦思去執著大道，亦徒見其如眾狙的可憐狀態了。〔註1〕

　　道行之而成，物謂之而然。惡乎然？然於然。惡乎不然？不然於不
　　然。惡乎可？可於可。惡乎不可？不可於不可。〔註2〕

莊子以爲一切存在事物，它的本身事實上無所謂可，也無所謂不可；無所謂
然，也無所謂不然。「可」或「不可」，「然」或「不然」都是我們附加給事物
的。事物的命名只是爲了我們日常生活的方便，一切事物的名稱和價值名詞
都是人爲設定的，猶如道路是人走出來的。語言系統的設定和運用自然有一
定的規律，也有充分的理由。然而由於人的主觀成見滲入時，「名以指實」的
作用就變質了，變成許多對立的判斷，產生無窮的價值糾結。而人們就在種
種的價值糾結中，沉溺於好惡愛憎的情緒漩渦裏。事實上一切紛紜離亂的差
別對立，都不是事物的本樣，只是人爲的結果。因此，莊子說：

　　故爲是舉莛與楹，厲與西施，恢詭譎怪，道通爲一。其分也，成也；
　　其成也，毀也。凡物無成與毀，復通爲一。

關於「道通爲一」，它的意義是：

　　（一）「道通爲一」即是從「道」的觀點看來並無分別。莊子認爲事物的
差別是人爲設定的，同一件事物，由於不同的人作主觀意識的投射，因而產
生不同的性質與差別。例如一棵樹，它塊然地存在著。同樣的一棵樹，有人

〔註1〕　參閱張默生著《莊子新釋上冊齊物論》第二，頁53〜54，洪氏出版社印行。
〔註2〕　張默生說：「可乎可、不可乎不可，據劉文典所校，當爲衍文，今刪去。」又
　　　　說：「不然於不然句下當依寓言篇補『惡乎可、可於可、惡乎不可、不可於不
　　　　可』四句。劉文典、王叔岷所校亦如此，今據補。」（見張默生著《莊子新釋
　　　　上冊齊物論》第二，頁53〜54，洪氏出版社印行）

說它高，有人說它矮；有人說它好看，有人說它不好看……其實，樹木身無所謂高，也無所謂矮；無所謂美，也無所謂醜。所謂大小、高矮、長短、美醜的判斷，都是人添加給事物的，它原本就是這個樣子。所謂「一」就是指事物的本然狀態。但當它蒙上了人的主觀認識活動之後，於是一如的、無分別的事物，就會產生了分歧與多樣相。

（二）主觀的差別性滲入事物之後，人的心靈就被拘執、被「封」住了。被「封」住的心靈，只知拘泥於瑣細，斤斤計較作別。我們須了解事物性質的差別，原來是主觀意識的投射，原本是成心所致。這一反省覺悟，可使心靈活動致力於免除主觀的偏執，照見事物本然的情形。「一」即是指破除封域而達到圓融和諧的境界。

（三）「一」亦意指整體。任何事物都在不息的變化過程中，一件事物的分離消解，變遷為另一件新生事物的組成因素；新生事物的組成，就包含了原有事物的分離消解之因素。所以說：「其分也，成也；其成也，毀也。」任何事物有分必有所成，有成必有所毀；好比砍樹木做桌椅，對於樹木來說，則有所分，對於桌椅來說則有所成；桌椅雖成，於樹木則有所毀。若就樹木與所成的器物來說，固然有分有成，固然在起滅變化，但從通體來看，任何事物的生滅變化，不過是自然全部發展過程中的一個部分，整個世界是一個整體。所以說：「物無成與毀，復通為一。」「復通為一」，即是說無論事物的分與成、成與毀，都復歸於一個整體。〔註3〕

自然現象原本是同一的（就質而言），並沒有所謂是非、成毀的問題。然而世人卻偏執成見，一昧地去分別，去爭議，致使是非、成毀層出不窮，莫衷一是。因此，莊子乃感慨地嘆道：「唯達者知通為一」。可見「道通為一」的境界，並非拘執於成見的人所能領會的。由於達者已悟是非、成毀是通而為一的，因此，便可不採用是非與成毀的對立觀念，不用言辭，將此「道通為一」的玄理，一方面置存於心，另一方面寄寓在無知無用的平庸裡。例如：縱使聖王功成事遂，自己亦不自居成功，反而推功在平庸的庶民身上，自忘功名。因為一旦有所自成自是，必然會對於他人有所非有所毀，如此，將招致他人對於自己的非毀。聖人以庸常為無用的大用，憑此大用，人即可以通物為一。「適得而幾」指從通達天道以至自得為止境。「適」可指自適其適，與自得對言並列，又可解為「至」，「適得而幾」便指以至自得為止境。「為是

〔註3〕　參閱陳鼓應著《莊子哲學探究》，頁99～100，撰者印行。

不用」的「是」為指示代名詞，指道通為一，「因是已」的「是」為抽象名詞，指肯定或認可。「已而不知其然，謂之道」，已字承上句作「因是已」的省文。我們可因某物之所是而是之然之或可之，但必須一任此是此然此可在心中過而不留，即遺忘所是所然所可的「知」，使在環中或道樞的心，可循依大道而通達他物，對他物亦是然之可之。「因是已」就是從因順某物開始。「不知其然」指忘卻此物的因順或肯定。「謂之道」指心居道樞，不容許障礙的存在，假如心智有窒礙，未悟是非為一與成毀無別，那末靈臺將遭煩擾。〔註4〕最後，莊子舉「狙公賦芧」為喻，以「朝三」代表成心，說明一切是非、成毀的產生，都是由於「成心」的作崇。聖人為了對付由成心所引起的偏見，因而一任是非與喜怒止息在自然的均衡裏。使是與喜屬於一個行列，非與怒屬於一個行列，並透過絕對渾全的道體，使這兩個行列合而為一。這就是所謂的「兩行」。〔註5〕

其次，就表意方式而言，莊子在說明以上這些道理時，使用了狙公、狙等屬於寓言的角色，因此，這段話應該歸於「寓言以明道」之下。

第二則

> 天根遊於殷陽，至蓼水之上，適遭無名人而問焉，曰：請問為天下。
> 無名人曰：去！汝鄙人也，何問之不豫也！予方將與造物者為人，
> 厭，則又乘夫莽眇之鳥，以出六極之外，而遊無何有之鄉，以處壙
> 埌之野。汝又何帛以治天下感予之心為？又復問。無名人曰：汝遊
> 心於淡，合氣於漠，順物自然而無容私焉，而天下治矣。（〈應帝王〉，
> 頁293～294）

【剖析】

這段話的主旨在於說明無為而治的道理。天根問無名人如何治理天下，無名人不悅，只向他談論清虛寂寞曠蕩的至道境界。而天根再問，無名人才

〔註4〕 參閱王煜著《老莊思想論集》，頁222～223，聯經出版事業公司印行。
〔註5〕 王煜說：「聖人為了對付成見的偏曲，不須訴諸言辯，一任是非與喜怒止息在自然的均衡裏。是與喜屬一行列，非與怒屬另一行列，在道體的絕對渾全中，真人讓心思融合此兩列為一。此解視『行』為名詞。如視『行』作動詞，『兩行』指是非兩者運行於渾全而絕對的道體中，而如非歐幾何中的平行線一般，被融合為一。又如視『行』作形容詞，『兩行』意謂是非雙邊皆受認可。」（見王煜著《老莊思想論集》，頁223～224。

告以「遊心於淡，合氣於漠，順物自然而無容私」的道理。治天下之理，必待問而後答，用以說明治理天下實爲不得已之事。而淡漠自然的治天下之理，與清虛寂寞曠蕩的至道境界實無二致。若以清虛之境爲體，自然之法爲用，便可以看出莊子即體即用的思想全貌。內能清虛以冥合至道，則外而應物，也能順物自然而無容私。如此，則天下不待治而自化了。〔註6〕張默生說：

> 本段是說治理天下，當無欲無私，清靜無爲，先有出世之心，然後始可入世爲治。〔註7〕

其次，就表意方式而言，莊子在說明這個道理時，使用了天根、無名人等屬於寓言的角色，因此，這段話應該歸於「寓言以明道」之下。

第三則

> 南海之帝爲儵，北海之帝爲忽，中央之帝爲渾沌。儵與忽時相與遇於渾沌之地，渾沌待之甚善。儵與忽謀報渾沌之德，曰：人皆有七竅以視聽食息，此獨無有，嘗試鑿之。曰鑿一竅，七日而渾沌死。（〈應帝王〉，頁309）

【剖析】

　　這段話的主旨在於說明有爲而治，違反自然，非但於事無補，且足以喪生。此外，亦可以將它看成「宇宙發生論」。

　　南海於五行爲火，是顯明之象，用以象徵「有」。北海於五行爲水，是幽冥之象，用以象徵「無」。中央於五行爲土，渾沌一片，清濁未分，用以象徵「非有非無」。莊子之道，便是「非有非無」，自然渾沌。只有遊心於物之初者，才能得道。而七竅感官之用生，假相即起，至道便亡。〔註8〕張默生說：

> 本段是《莊子》書中最精彩的寓言，是從本篇立意的反面寫去。本篇立意既在無心而任化，即當依順自然，決不可有所作爲。此處的渾沌，既可喻「有物混成，先天地生」的道體，即必囊括大塊，體物而不遺。儵與忽南北稱帝，未始非渾沌的顯現，如欲報渾沌之德，即當不忘其所自，常遇於渾沌之地，而相忘於無形；豈可儵忽妄動

〔註6〕　參閱顏崑陽著《莊子的寓言世界》，頁179，尚友出版社印行。
〔註7〕　見張默生著《莊子新釋·上冊·應帝王·第七》，頁204，洪氏出版社印行。
〔註8〕　參閱顏崑陽著《莊子的寓言世界》，頁140，尚友出版社印行。

自傷其本，而爲開鑿竅之是務？後世治天下者，每欲逞其私智，而爲背理之宰割，正有類於儵忽之殘鑿渾沌了。本篇既重在針砭有爲，而主因應無爲之道，所以說此段正是反面的寫法。復次，此段亦可作道家的宇宙發生論看。渾沌可視作「無極」或「太極」—是「一」—儵與忽，可視作「兩儀」或「陰陽」—是「二」；二與一爲「三」。二又不安其分，於開開孔鑿竅，以至於「七」，從此知端一開，則天下的事事物物由此生，是非善惡由此成，而交光互影的華嚴世界，就呈現出森羅萬象了。〔註9〕

其次，就表意方式而言，莊子在說明這些道理時，使用了儵、忽、渾沌等屬於寓言的角色。因此，這段話應該歸於「寓言以明道」之下。

第四則

於是泰清問乎無窮曰：子知道乎？無窮曰：吾不知。又問乎無爲。無爲曰：吾知道。曰：子之知道，亦有數乎？曰：有。曰：其數若何？無爲曰：吾知道之可以貴，可以賤，可以約，可以散，此吾所以知道之數也。泰清以之言也問乎無始曰：若是，則無窮之弗知與無爲之知，孰是而孰非乎？無始曰：不知深矣，知之淺矣；弗知內矣，知之外矣。於是泰清中而歎曰：弗知乃知乎！知乃不知乎，孰知不知之知？無始曰：道不可聞，聞而非也；道不可見，見而非也；道不可言，言而非也。知形形之不形乎！道不當名。無始曰：有問道而應之者，不知道也。雖問道者，亦未聞道。道無問，問無應。無問問之，是問窮也；無應應之，是無內也。以無內待問窮，若是者，外不觀乎宇宙，內不知乎太初，是以不過乎崑崙，不遊乎太虛。

（〈知比遊〉，頁756～758）

【剖析】

這段話的主旨在於說明「道」是不可知、不可聞、不可見、不當名的。全文又可分爲四小段：

（一）「於是泰清問乎無窮曰」至「孰是而孰非乎？」首先，莊子的後學假借泰清與無窮、無爲的問答，提出「不知」與「知」究竟孰是孰非的疑難。

〔註9〕 見張默生著《莊子新釋・上冊・應帝王・第七》頁217，洪氏出版社印行。

（二）「無始曰：不知深矣」至「孰知不知之知」，作為裁判的無始，以無
　　　窮的不知「道」為內在的深玄，譏無為的知「道」為疏外的膚淺。

（三）「無始曰：道不可聞」至「道不當名」，指出「道」的特質在於超乎
　　　視聽與名言。

（四）「無始曰：有問道而應之者」至「不遊乎太虛」，指出「道」是無形
　　　的物物者或形形者。祇有不明瞭大道的人，才會答人問道，此答永
　　　遠不達至道的本身，所以問道者實在仍未聽過大道。道無可詢問，
　　　詢問也無可答復，問無可問，就是問的窮盡，勉強答不可答的問題，
　　　則是由於內心空窮而苛求徇外。因此，郭象說：「故默成乎不聞不
　　　見之域而後至焉。」〔註10〕

　　其次，就表意方式而言，莊子的後學在說明言些道理時，〔註11〕使用了
泰清、無窮、無為、無始等屬寓言的角色，因此，這段話應該歸於「寓言以
明道」之下。

第五則

　　光曜問乎無有曰：夫子有乎？其無有乎？光曜不得問，而孰視其狀
　　貌，窅然空然，終日視之而不見，聽之而不聞，搏之而不得也。光
　　曜曰：至矣！其孰能至此乎？予能有無矣，而未能無無也；及為無
　　有矣，何從至此哉！（〈知北遊〉，頁 759～760）

【剖析】

　　這段話的主旨在於談「道」。光曜問道於無有。無有即是道的寓言。光曜
觀無有，「窅然空然，終日視之而不見，聽之而不聞，搏之而不得。」這是說
明「道」為形上實體，它超越了感覺知覺的作用，因而感嘆說：「予能有無矣，
而未能無無也；及為無有矣，何從至此哉！」這裡談到「無」和「無無」兩
個概念。老子以「無」、「有」為道，以「無」為究極概念。莊子的後學則不
以「無」為究極的概念，「無」上更有「無無」……，乃無窮開放境界之開展。
「無」、「有」為「實有型態」的觀念，「無無」乃屬「境界型態」的觀念。在
這裡，莊子的後學擬借「無」及「無無」，以破有的拘執、局限，若為有所拘

〔註10〕見清郭慶藩輯《莊子集釋》，頁757，河洛圖書公司印行。
〔註11〕關於知北遊的作者，黃錦鋐說：「本篇當為莊子後學所作才對。」（見黃錦鋐
　　　　著新譯《莊子讀本・莊子書》的考證，頁23，三民書局印行）。

執局限，則不能參化。〔註12〕成玄英說：

> 光明照旺，其智尚淺，唯能得無喪有，未能獨遣有無，故歎無有至
> 深，誰能如此玄妙！而言無有者，非直無有，亦乃無無，四句百非，
> 悉皆無有。以無之一字，無所不無，言約理廣，故稱無也。而言何
> 從至此者，但無有之境，窮理盡性，自非玄德之士，孰能體之！是
> 以淺學小智，無從而至也。〔註13〕

其次，就表意方式而言，莊子的後學在說明這些道理時，使用了光曜、無有
等屬於寓言的角色，因此，這段話應該歸於「寓言以明道」之下。

第六則

> 眾罔兩問於景曰：若向也俯而今也仰，向也括〔撮〕而今也被髮，
> 向也坐而今也起，向也行而今也止，何也？景曰：搜搜也，奚稍問
> 也！予有而不知其所以。予蜩甲也，蛇蛻也，似之而非也。火與日，
> 吾屯也；陰與夜，吾代也。彼吾所以有待邪？而況乎以無有待者乎！
> 彼來則我與之來，彼往則我與之往，彼強陽則我與之強陽。強陽者，
> 又何以有問乎？（〈寓言〉，頁959～960）

【剖析】

　　這段話的主旨在於說明體道的方法在忘去形體，隨天機自然變化。罔兩
問影子為什麼起坐行止，唯形是從，影子卻回說：「搜搜也，奚稍問也！予
有而不知其所以。予，蜩甲也？蛇蛻也？似之而非也。火與日，吾屯也；陰
與夜，吾代也。彼吾所以有待邪？而況乎以無有待者乎！彼來則我與之來，
彼往則我與之往，彼強陽則我與之強陽。強陽者又何以有問乎！」這段話的
意思是說：這是微不足道的事，何足問呢？何足問呢？影子無心而動，其有
動靜，而不知所以然。影子和蛇皮看起來相似，其實不然。有火和陽光，影
子就顯現，陰天和夜晚，影子就休息，可見影子並無待於形。成玄英說：

> 必無火日，形亦不能生影，不待形也。夫形之生也，不用火日，影
> 之生也，豈待形乎，故以火日況之，則知影不待形明矣。形影尚不
> 相待，而況他物乎！〔註14〕

〔註12〕參閱陳鼓應著《莊子哲學探究》，頁194～195，撰者印行。
〔註13〕見清郭慶藩輯《莊子集釋》，頁760，河洛圖書公司印行。
〔註14〕見清郭慶藩輯《莊子集釋》，頁961，河洛圖書公司印行。

可見萬物之間並無相依恃的現象。然而，我們若向上一層追問，是否有一無形的形上根據作為生成天地萬物的根源？個人以為它就是「道」，亦即所謂的「形形者」，天地萬物都是依恃它而生成。而「道」則是絕對的無待。

其次，就表意方式而言，莊子的後學在說明這些道理時，〔註15〕使用了罔兩、景、蜩甲、蛇蛻等屬於寓言的角色，因此，這段話應該歸於「寓言以明道」之下。

第二節　莊子用重言以說明道的舉例

第一則

> 南郭子綦隱机而坐，仰天而噓，荅焉似喪其耦。顏成子游立侍乎前，曰：何居乎？形固可使如槁木，而心固可使如死灰乎？今之隱机者，非昔之隱机者也。子綦曰：偃，不亦善乎，而問之也！今者吾喪我，汝知之乎？女聞人籟而未聞地籟，如聞地籟而未聞天籟夫！子游曰：敢問其方。子綦曰：夫大塊噫氣，其名為風。是唯無作，作則萬竅怒號。而獨不聞之翏翏乎？山林之畏佳，大木百圍之竅穴，似鼻，似口，似耳，似枅，似圈，似臼，似洼者，污者，激者，謞者，叱者，吸者，叫者，譹者，宎者，咬者，前者唱于而隨者唱喁。泠風則小和，飄風則大和，厲風濟則眾竅為虛。而獨不見之調調，之刁刁乎？子游曰：地籟則眾竅是已，人籟則比竹是已。敢問天籟。子綦曰：夫吹萬不同，而使其自己也，咸其自取，怒者其誰邪！（〈齊物論〉，頁 43～50）

【剖析】

這段話主旨在於說明「吾喪我」的情況，以及由聲音來探求萬有的根源。

> 南郭子綦隱机而坐，仰天而噓，荅焉似喪其耦。顏成子游立侍乎前曰：形固可使如槁木，而心固可使如死灰乎？今之隱機者，非昔之隱機者也。子綦曰：偃，不亦善乎，而之問也！今者吾喪我。

這是說明南郭子綦雖然靠著桌子坐著，但他的精神已超乎物外，彷彿他的精

〔註15〕黃錦鋐說：「這五篇（〈徐無鬼〉、〈則陽〉、〈外物〉、〈寓言〉、〈列禦寇〉）除了〈寓言〉篇第一段是莊子的序文外，其餘的可以說都是莊子後學者的所作，經漢初道家彙集而成的。」（見黃錦鋐著《新譯莊子讀本》，頁25，三民書局印行）。

神已經脫離了他的軀殼一般。他的身體固然不動有如槁木，就是他的心也停止了思慮，一如死灰。在此狀態下，他的精神得「與造物者遊」，而遺棄了世物，甚至忘卻了自己，因此說：「今者吾喪我」。既與造物神交，而進入無形的境界，則一切物之不齊便可自然泯滅了。人的心神苟能惟造物者是念，是無異已得到一切所有，則其他一切世物都是卑微不足道，何足置懷！而世物之不齊，形狀大小美醜是非等種種差別，更無須計較了。〔註16〕

緊接著，莊子把眾聲大致分為：人籟、地籟、天籟。並由以上三種聲音探求萬有的根源。三籟中，莊子著重於地籟的描寫，「似鼻、似口、以枅、似圈、似臼、似洼者，似污者」都是形容山陸和大木中的竅孔形狀；「激者、謞者、叱者、吸者、叫者、譹者、宎者、咬者」則形容強風吹激竅孔回應的音響。強風一停止，則萬籟俱寂。這一段「萬竅怒號」寫得很生動，誠如宣穎所說的：

> 初讀之拉雜崩騰，如萬馬奔趨，洪濤洶湧。既讀之，希微杳冥，如
> 秋空夜靜，四顧悄然。〔註17〕

人籟則比竹是已。說人籟，莊子用簫管作譬喻，簫管的洞是虛空的，象徵著沒有機心成見的人所發出的語言。至於天籟，莊子只說夫吹萬不同，而使其自己也，咸其自取，怒者其誰邪！這幾句話的意思是：風吹千萬種不同的竅孔，發出各種不同的聲音，而使他們自己停止。（聲音）都是它們自己發出來的，可是主使這現象的是誰呢？這裏所說的怒者，就是眞宰、物物者，換句話說，也就是道。可見天籟指道而言。〔註18〕因此，張默生說：

> 天籟就是自然的本體，任何事物不能離開它，離開它則事物便不成
> 為事物。〔註19〕

由以上的論述來看，「三籟」事實上就是「吾喪我」情況的一種描寫。〔註20〕姚鼐說：

> 喪我者，聞眾竅比竹，舉是天籟；有我者聞之，祇是地籟人籟而已，
> 子綦所言，皆天籟也。子游不悟，所謂見指不見月也。〔註21〕

其次，就表意方式而言，莊子在說明這些道理時，使用了南郭子綦、顏成子

〔註16〕參閱黎正甫著《莊子齊物論之探原思辨》，《自由太平洋》，33 期。
〔註17〕見宣穎著《莊子南華經解》，頁 20，宏業書局印行。
〔註18〕參閱黃錦鋐著《新譯莊子讀本》、參、〈莊子學說要旨〉，頁 40，三民書局印行。
〔註19〕見張默生著《莊子新釋上冊齊物論》，頁 37，洪氏出版社印行。
〔註20〕參閱陳鼓應著《莊子哲學探究》，頁 91～93，撰者印行。
〔註21〕本資料引自劉光義著《莊子內七篇類析語釋》，頁 70，學生書局印行。

游等屬於重言的角色，因此，這段話應該歸於「重言以明道」之下。

第二則

> 回曰：敢問心齋。仲尼曰：若一志，無聽之以耳而聽之以心，無聽
> 之以心而聽之以氣；聽止於耳，心止於符。氣也者，虛而待物者也。
> 唯道集虛。虛者，心齋也。（〈人間世〉，頁147）

【剖析】

　　這段話的主旨在於說明體道的方法——心齋。所謂「心齋」，就是虛心的工夫。成玄英說：

> 心有知覺，猶起攀緣；氣無情慮，虛柔任務。故去彼知覺，取此虛
> 柔，遺之又遺，漸階玄妙也乎！〔註22〕

　　耳、目、口、鼻、心的活動，都是人與外物交通的中樞，也是情感、思慮、欲望的根源。自然之氣是無情感、無思慮、無欲望的。「聽止於耳」，俞樾以為當作「耳止於聽」者近是，即是耳僅止於聽，而不加美惡分別之意。「心止於符」，符即是應，指心與外物接觸時僅止於相應，而不加分別之意。〔註23〕「聽之以氣」，即所謂「夫徇耳目內通而外於心知」，即是讓外物純客觀地進來，純客觀地出去，而不加一點主觀上的心知的判斷。「心齋」以虛為極，虛則物我兩忘，可以說是無欲無知無為的狀態。達到此境界的人，即可以與道冥合。

　　因此，張默生說：

> 道體是虛靜的，惟其虛靜，才可以御至實至動。心齋的相狀（姑用
> 相狀二字，實則不可以相狀言），是虛靜的，惟其虛靜，才可以對世
> 事的紛紜，因應無窮。所以莊子所涉想的「心體」與他所涉想的「道
> 體」是二而一的。〔註24〕

其次，就表意方式而言，莊子在說明這個道理時，使用了孔子、顏回等屬於重言的角色，因此，這段話應該歸於「重言以明道」之下。

第三則

> 古之真人，不逆寡，不雄成，不謨士。若然者，過而弗悔，當而不

〔註22〕見清郭慶藩輯《莊子集釋》，頁147，河洛圖書公司印行。
〔註23〕參閱徐復觀著《中國人性論史先秦篇》，頁381，臺灣商務印書館印行。
〔註24〕見張默生著《莊子新釋・上冊・人間世・第四》，頁107～108，洪氏出版社印
　　　行。

自得也。若然者，登高不慄，入水不濡，入水不熱。是知之能登假於道也若此。古之真人，其寢不夢，其覺無憂，其食不甘，其息深深。真人之息以踵，眾人之息以喉。屈服者，其嗌言若哇。其耆欲深者，其天機淺。古之真人，不知悅生，不知惡死；其出不訢，其入不距；翛然而往，翛然而來而已矣。不忘其所始，不求其所終；受而喜之，忘而復之，是之謂不以心捐道，不以人助天。是之謂真人。若然者，其心志，其容寂，其顙頯；淒然似秋，煖然似春，喜怒通四時，與物有宜而莫知其極。故聖人之用兵也，亡國而不失人心，利澤施乎萬世，不為愛人。故樂通物，非聖人也；有親，非仁也；天時，非賢也；利害不通，非君子也；行名失己，非士也；亡身不真，非役人也。若狐不偕、務光、伯夷、叔齊、箕子、胥餘、紀他、申徒狄，是役人之役，適人之適，而不自適其適者也。古之真人，其狀義而不朋；若不足而不承；與乎其觚而不堅也；張乎其虛而不華也，邴邴乎其似喜乎！崔乎其不得已乎！滀乎進我色也，與乎止我德也；厲乎其似世乎！謷乎其未可制也；連乎其似好閉也，悗乎忘其言也。以刑為體，以禮為翼者，所以行於世也；以知為時者，不得已於事也；以德為循者，言其與有足者至於丘也；而人真以為勤行者也。故其好之也一，其弗好之也一。其一也一，其不一也一。其一與天為徒，其不一與人為徒。天與人不相勝也，是之謂真人。（〈大宗師〉，頁226～235）

【剖析】

這段話的主旨在於藉「真人」的種種描述，把不可名的形上實體——「道」加以形象化，兼以提示人類的思想、行為以達到「以人合天」為終極目標。全文可以分為五小段：

（一）自「古之真人，不逆寡」起，至「是知之能登假於道也若此」為止。乃借以喻道之無為。因「不逆寡，不雄成，不謨士」，都是無為的跡象。

（二）自「古之真人，其寢不夢」起，至「其耆欲深者，其天機淺」為止。乃借以喻「道」之虛靜。因「其寢不夢，其覺無憂，其食不甘，其息深深。」都是虛靜的表現。

（三）自「古之真人，不知悅生」起，至「不以人助天，是之謂真人」為

　　止。乃借以喻「道」之自然。因「不以心捐道，不以人助天」，都
　　是自然之所致。

（四）自「若然者，其心志」起，至「而人眞以爲勤行者也」爲止。乃借
　　以狀「道」之恍惚之象。全段屢用「若」、「似」及兩可之辭，正以
　　道體窈冥難明之故。

（五）自「故其好之也一」起，至「天與人不相勝也，是之謂眞人」爲止。
　　乃謂體道而能如前述四段的成就，則可「其一也一，其不一也一」
　　而混融萬有，達到「天與人不相勝」的境界，成爲眞人。

　　經由以上的論述來看，證明形象化後的「古之眞人」，乃指由道相所顯示
之「道」而非他。因爲道體常無，爲不可道、不可名。莊子始退而寓言道相
呈現的無爲、虛靜、自然、恍惚種種可道可名之象；所以提示世人，可藉道
相悟入，達到體道的境界。〔註25〕張默生說：

　　本節的藉「眞人」的體相，來說明「道」的體用；兼以示範於人類，
　　期於「以人合天。」「眞人」便是「道的具體化」或說是「道的擬人
　　化」或說是「道的人格化」均無不可。因爲大道難言，不如此不足
　　以顯示道的體用，這是莊子的一種慣技，幾乎每篇中都有這種寫法，
　　好讓人「因筌可以得魚、因蹄可以得兔」的意思。但他所以將道說
　　爲「擬人化」或「人格化」者，尚不止此；他更希望人人藉此可以
　　取法眞人，而能做到「人格的道體化」，便是所謂「天人合一」了。
　　〔註26〕

　　其次，就表意方式而言，莊子在說明這些道理時，使用了眞人、狐不偕、
務光、伯夷、叔齊、箕子、胥餘、紀他、申徒狄等屬於重言的角色，因此，
這段話應該歸於「重言以明道」之下。

第四則

　　南伯子葵問乎女偊曰：子之年長矣，而色若孺子，何也？曰：吾聞
　　道矣。南伯子葵曰：道可得學邪？曰：惡，惡可！子非其人也。夫
　　卜梁倚有聖人之才而無聖人之道，我有聖人之道而無聖人之才，吾
　　欲以教之，庶幾其果爲聖人乎！不然，以聖人之道告聖人才，亦易

〔註25〕參閱封思毅著《莊子銓言》，頁23～26，臺灣商務印書館印行。
〔註26〕見張默生著《莊子新釋‧上冊‧大宗師》，頁162，洪氏出版社印行。

矣。吾猶守而告之，參日而後能外天下；已外天下矣，吾又守之，
七日而後能外物；已外物矣，吾又守之，九日而後能外生；已外生
矣，而後能朝徹；朝徹，而後能見獨；見獨，而後能無古今；無古
今，而後能入於不死不生。殺生者不死，生生者不生。其為物，無
不將也，無不迎也；無不毀也，無不成也。其名為攖寧。攖寧也者，
攖而後成者也。（〈大宗師〉，頁251～256）

【剖析】

這段話的主旨在於說明入道的次序。莊子以為入道的次序是：由外天下
而外物，由外物而外生，由外生而朝徹，由朝徹而見獨，由見獨而無古今，
由無古今而入於不死不生。所謂「外天下」、「外物」、「外生」的「外」，事實
上就是「遺」或「忘」的意思。外天下即是遺天下或忘天下。天下亦是某一
物。某一物比較容易忘掉，物比較難忘。因此，外天下之後，又七日始能外
物。人的生最難忘，所以外物之後，始能外生。已外物，又外生，則所謂「我」
與「物」的界限，已經取消掉。如此，則恍然於己與萬物渾然為一，此恍然
謂之朝徹。「朝，平旦也。徹，朗徹也。謂已外生，則忽然朗悟，如睡夢覺。
故曰朝徹。」〔註27〕可見朝徹就是清明洞徹的意思。「獨謂悟一真之性，不屬
形骸。故曰見獨。」〔註28〕「見獨」就是見本性。這種向內打通的程序是一
個「忘之又忘」的無限過程。所謂「忘」，就是把具體物相互間分別相，乃至
存在相忘掉。〔註29〕達到這種境界的人，便可以不受時間的限制（無古今），
沒有死生的觀念（不死不生）。〔註30〕胡哲敷說：

在這一段中，我們看到他不但是有一步步的工夫次第，並且都是由刻
苦屬行而來。彼所謂「攖寧」，就是自述其工夫，全由塵勞雜亂，困
頓拂鬱中做出，只到一切境界不動其心，寧定湛然，乃為工夫極境；
然而，所以應達到此境者，卻是「攖而後成者也」。綜其工夫所至，
自外天下外物外生，以至無不將無不迎無不毀無不成，要不外忘己忘
物，以至於渾然大道，而達於「物化」。此種境界純靠自己體驗領悟，
乃能真切，故歷言三日七日九日，以見必要經過相當「守」的時期，

〔註27〕見明釋德清著《莊子內篇註》，〈大宗師〉，頁31，廣文書局印行。
〔註28〕同註27。
〔註29〕參閱徐復觀著《中國人性論史》，頁392，臺灣商務印書館印行。
〔註30〕參閱李康洙著《莊子的哲學精神——從「體道」來探索莊子的思想體系》，
頁76～77，該文收於《哲學論文集》第四輯，臺灣商務印書館印行。

始能體驗得出，並不是有了良師益友，即可以轉相授受，其可以轉相
授受的，大概都是知解見聞的一類，決不是身體力行的要道。凡身體
力行之道，多一日體驗，則多一日境界，他人是增不得一分，減不得
一分的；不然，「以聖人之道，告聖人之才，亦易矣」然而不能者，
就可以知其工夫純在內而不在外，在己而不在人。〔註31〕

　　其次，就表意方式而言，莊子在說明這些道理時，使用了南伯子葵、女
偶、卜梁倚等屬於重言的角色，因此，這段話應該歸於「重言以明道」之下。

第五則

　　顏回曰：回益矣。仲尼曰：何謂也？曰：回忘仁義矣。曰：可矣，
　　猶未也。他日，復見，曰：回益矣。曰：何謂也？曰：回忘禮樂矣。
　　曰：可矣，猶未也。他日，復見，曰：回益矣。曰：何謂也？曰：
　　回忘坐矣。仲尼蹴然曰：無謂坐忘？顏回曰：墮肢體，黜聰明，離
　　形去智，同於大通，此謂坐忘。仲尼曰：同則無好也，化則無常也。
　　而果其賢乎！丘也請從而後也。（〈大宗師〉，頁 282～285）

【剖析】

　　這段話的主旨在於說明體道的方法──坐忘。「坐忘」的修養進程是一層
層由外向內打通，禮樂為外在規範，仁義為內在規範，〔註32〕這些規範對心
靈形成一種束縛，這些束縛解除之後，進而「墮肢體，黜聰明，離形去智。」
「墮肢體」和「離形」同義，「黜聰明」和「去知」同義。「離形」和「去知」
是達到「坐忘」的兩道工夫，所謂「離形」，並不是拋棄形體，而是意指消解
由生理所激起的貪欲。所謂「去知」，即意指消解由心知所產生的偽詐。貪欲
與智巧都足以擾亂心靈，揚棄它們，才能使心靈從糾結桎梏中解放出來，而
臻至大通的境界。到達這種境界，便可以和天地萬物同體而無偏私，和天地
萬物融化而不偏執──「同則無好也，化則無常也。」這便是大通境介的寫

〔註31〕見胡哲敷編《老莊哲學》，頁 11～112，臺灣中華書局印行。
〔註32〕關於「忘禮樂」與「忘仁義」的先後問題，明孫月峰說：「忘仁義，止是去
　　　　是非心；忘禮樂，則全然不拘束矣，故忘禮樂，在忘仁義後。」民國劉文典
　　　　說：「《淮南子‧道應篇》，『仁義』作『禮樂』，下『禮樂』作『仁義』，當從
　　　　之。禮樂有形，固當先忘，仁義無形次之，坐忘最上，今仁義禮樂互倒，非
　　　　道家之指矣。」以上兩種說法，以劉文典之說比較接近莊子的真意，茲採劉
　　　　氏之說。（本資料引自張默生著《莊子新釋》上冊，〈大宗師〉第六，頁 195，
　　　　洪氏出版社印行）

照。〔註33〕郭象說：

> 夫坐忘者，奚所不忘哉！既忘其迹，又忘所以迹者，內不覺其一身，
> 外不識有天地，然後曠然與變化為體而無不通也。〔註34〕

其次，就表意方式而言，莊子在說明這個道理時，使用孔子、顏回等屬
於重言的角色，因此，這段話應該歸於「重言以明道」之下。

第六則

> 桓公讀書於堂上。輪扁斲輪於堂下，釋椎鑿而上，問桓公曰：敢問
> 公之所讀者何言邪？公曰：聖人之言也。曰：聖人在乎？公曰：已
> 死矣。曰：然則君之所讀者，古人之糟粕已夫！桓公曰：寡人讀書，
> 輪人安得議乎！有說則可，無說則死。輪扁曰：臣也以臣之事觀之。
> 斲輪，徐則甘而不固，疾則苦而不入。不徐不疾，得之於手而應之
> 於心，口不能言，有數存焉於其間。臣不能以喻臣之子，臣之子亦
> 不能受之臣，是以行年七十而老斲輪。古之人與其不可傳也死矣，
> 然則君之所讀者，古人之糟粕已夫！（〈天道〉，頁490～491）

【剖析】

這段話的主旨在於說明「道」乃不可見、不可傳，典冊只是古人的糟粕
而已。全文可以分為二小段：

（一）自「桓公讀書於堂上」，至「無說則死」為止，以輪扁譏桓公所讀
　　　為死書，作為引子。

（二）自「輪扁曰」，至「古人之糟粕已夫」，以斲輪的「得手應心」，比
　　　喻「道」是不可以言傳的。〔註35〕

顏崑陽說：

> 這個故事說明了道理的精華，在乎得道者從實踐中所獲的經驗，所
> 謂「得於手而應於心」，是一種「口不能言」的境界，即使親如父子，
> 也無法傳授。能言語相傳的，只是形式上的方法，而方法是入「道」
> 的鎖鑰，佛家所謂的敲門磚，並不等於「道」。真正的「道」，還是
> 求道者親身的體驗，才能獲得。因此，書上的語言，只是道的糟粕

〔註33〕參閱陳鼓應著《莊子哲學探究》，頁71，撰者印行。
〔註34〕見清郭慶藩輯《莊子集釋》，頁285，河洛圖書公司印行。
〔註35〕參閱葉程義著《莊子寓言研究》，頁150，義聲出版社印行。

而已。這倒並不是完全否定語言的傳達功用，而是要提醒世人一點：
眞理並不在語言的票面意義上，往往在語言形式之外。執著迷滯於
語言形式者，何足以體悟眞理。不幸的是世俗之人，往往就是執著
於語言形式，記誦各種書籍，也只不過讓大腦成爲常識的堆棧而已，
怎麼能夠明道呢？所以言語有時雖可作爲入道的敲門磚，但絕不可
死抱著那塊磚頭，就說它是道，而最後一定要超越語言，用心去體
證眞道。〔註36〕

其次，就表意方式而言，莊子學派在說明這些道理時，使用了桓公、輪
扁等屬於重言的角色，因此，這段話應該歸於「重言以明道」之下。

第七則

莊子妻死，惠子弔之，莊子則方箕踞鼓盆而歌。惠子曰：與人居，
長子老身，死不哭亦足矣，又鼓盆而歌，不亦甚乎！莊子曰：不然。
是其始死也，我獨何能無概然！察其始而本無生，非徒無生也而本
無形，非徒無形也而本無氣。雜乎芒芴之間，變而有氣，氣變而有
形，形變而有生，今又變而之死，是相與爲春秋冬夏四時行也。人
且偃然寢於巨室，而我嗷嗷然隨而哭之，自以爲不通乎命，故止也。

（〈至樂〉，頁 614～615）

【剖析】

這段話的主旨在於說明體道有成的人即可視死生爲一如。莊子妻死，鼓
盆而歌，忘卻死生之事。他並非矯情鎮物，而是想通了生死變化的自然性。

察其始而本無生，非徒無生也而本無形，非徒無形也而本無氣。雜
乎芒芴之間，變而有氣，氣變而有形，形變而有生，今又變而之死，
是相與爲春秋冬夏四時行也。

在莊子看來，人的生死不過是氣的聚散而已。生本從無中來，死又從無中去。
氣、形、生、死的變化，如同春夏秋冬的更迭，大化的運行，有生必有死，
這是自然而的事。莊子初時不能忘情，想通這點，只有安於自然的變化，所
以無送終之悲。〔註37〕成玄英說：

莊子知死生之不二，達哀樂之爲一，是以妻亡不哭，鼓盆而歌，垂

〔註36〕見顏崑陽著《莊子的寓言世界》，頁112，尚友出版社印行。
〔註37〕參閱陳鼓應著《莊子哲學探究》，頁163，撰者印行。

腳箕踞，敖然自樂。莊子聖人，妙達根本，故睹察初始，本自無生，未生之前亦無形質，無形質之前亦復無氣。從無生有，假合而成，是知此身不足惜也。大道在恍惚之內，造化芒昧之中，和雜清濁，變成陰陽二氣；二氣凝結，變而有形；形既成就，變而生育。且從無出有，變而爲生，自有還無，變而爲死。而生來死往，變化循環，亦猶春秋冬夏，四時代序。是以達人觀察，何哀樂之有哉！〔註38〕

其次，就表意方式而言，莊子後學在說明這個道理時，使用了莊子、惠施等屬於重言的角色，因此，這段應該歸於「重言以明道」之下。

第三節　莊子用卮言以說明道的舉例

第一則

夫言非吹也，言者有言，其所言者特未定邪？果有言邪？其未嘗有言邪？其以爲異於鷇音，亦有辯乎，其無辯乎？道惡乎隱而有眞僞？言惡乎隱而有是非？道惡乎往而不存？言惡乎存而不可？道隱於小成，言隱於榮華。故有儒墨之是非，以是其所非而非其所是。欲是其所非而非其所是，則莫若以明。物無非彼，物無非是。自彼則不見，自知則知之。故曰彼出於是，是亦因彼。彼是方生之說也，雖然，方生方死，方死方生；方可方不可，方不可方可；因是因非，因非因是。是以聖人不由，而照之於天，亦因是也。是亦彼也，彼亦是也。彼亦一是非，此亦一是非。果且有彼是乎哉？果且無彼是乎哉？彼是莫得其偶，謂之道樞。樞始得其環中，以應無窮。是亦一無窮，非亦一無窮也。故曰莫若以明。以指喻指之非指，不若以非指喻指之非指也；以馬喻馬之非馬，不若非馬喻馬之非馬也。天地一指也，萬物一馬也。（〈齊物論〉，頁63～66）

【剖析】

這段話的主旨在於追究「物論」的所由起，是起於「彼」「此」的對立；然而，「彼」與「此」是同時並生的，又是同時並死的，就是沒有「彼」即沒有「此」，沒有「此」也就沒有「彼」，可知「彼」「此」是不能客觀存在的。

〔註38〕見清郭慶藩輯《莊子集釋》，頁614～615，河洛圖書公司印行。

「彼」「此」既無法客觀的存在，更何論在由「彼」「此」而生的「是」「非」呢？於此，莊子特別提出了「道樞」一詞，來統一彼此的矛盾；提出「以明」、「照之於天」的方法，好使彼此自見其微，終極目標在於達到「天地一指，萬物一馬」的無所分別的境界。〔註39〕全文可以分為三小段：

（一）自「夫言非吹也」起，至「欲是其所非而非其所是，則莫若以明」為止。莊子舉儒墨為例，說明「道隱於小成」所產生的武斷與排斥的態度，並提出破除主觀是非爭論的方法——「莫若以明」。

（二）自「物無非彼」起，至「是亦一無窮，非亦一無窮也。故曰莫若以明」為止。莊子從事物的對待與轉換，說明價值判斷的相對性以及是非爭論之無意義，並提出破除主觀價值判斷的方法——「照之於天」。

（三）自「以指喻指的非指」起，至「天地一指也，萬物一馬也」為止。莊子點出這段話的終極目的，只在於棄差別而歸同一，棄對立而求調和，棄分歧而歸整體。

茲依序分別加以詳析之如下：

（一）「夫言非吹也」。莊子以為言論和風吹是有所不同的，他們之間的差別，在於言論發自於「成心」，而風吹則全然是「無心」的。所謂「成心」，便是成見或偏見。〈齊物論〉說：「夫隨其成心而師之，誰獨且無師乎！」這就是說：以自己的成見作標準，誰沒有標準呢？顯然，「成心」不足以作為判斷真偽的標準。然而，世人卻一昧地各執己見，生是生非，因此，雖然議論紛紜，卻得不到定論。莊子說：「言者有言，其所言者，特未定也。」也就是說，由於每個人主觀偏見的影響，因而無法對事實的真相作有效的判斷。既然言論沒有客觀的實在性，那麼眾言喋喋，只不過是一大堆沒有意義的符號而已，這和小鳥吱吱喳喳的叫聲有什麼不同呢！

「道惡乎隱而有真偽，言惡乎隱而有是非，⋯⋯道隱於小成，言隱於榮華。」這裏說到事物本然的情形是如何地被隱蔽，語言功能是如何的被誤用，以至於我們所看到的只是主觀是非真偽的爭論；莊子指出事實全面的真相是被「小成」所隱蔽了，「小成」是局部性的成就，「小成」之人的認識活動常被限制於片面的成就上，安於所見所得，對於系統外的東西，不是茫然無知，便是採取排斥的態度。久而久之，心靈活動就被鎖閉在局部的範圍內，而永

〔註39〕見張默生著《莊子新釋上冊齊物論》，頁49，洪氏出版社印行。

遠無法了解事物最終的實在和全盤的真相。再說到語言，它的作用在於指涉對象的實況，即所謂「制名以指實」——然而使用者卻常用來文飾，用來自圓其說。儒墨兩家就是最好的例子。他們認定同於己者為是，異於己者為非，由是產生排斥異己的思想：凡是對方所肯定的，盡加否定；凡是對方所否定的，盡加肯定。在態度上，成為牢不可破的武斷。在此，莊子提出「莫若以明」的方法，來消解這項認知活動的障蔽。所謂「以明」，即是透過虛靜的工夫，去除「成心」，擴展開放的心靈，使心靈達到空明的境地，一如明鏡，可以如實地呈現外物的實況。因而，「以明」是指空靈明覺之心無所偏的去觀照。

（二）「物無非彼，物無非是」，「彼出於是，是亦因彼」，這是說世界上的事物沒有不因對待而形成的，有「彼」就有「此」，有「此」就有「彼」。「彼是方生」，就是「彼」「此」並生，一切事物都在對待的關係中，而一切事物又不斷地流轉，因而對待關係也不斷地變換。「方生方死」「方死方生」正說明事物在焂忽起伏的變化發展者：「方可方不可，方不可方可」說明了價值判斷的流變無定。「方生方死，方死方生」和「方可方不可，方不可方可」是對等語句，前者形容事象或存在物的變化不息，後者意指事象或存在物所作的價值判斷之無定性。在這種相因而旋轉之下，「是非」判斷，永無定準，「因是因非，因非因是」各人由於角度、標準的不同，以及所持的角度、標準本身的變動，因而產生價值判斷的無窮相對性。所以莊子認為聖人是不走是是非非的路子，而「照之於天」。「天」是自然，是抽離了主觀價值色彩的自然狀況。「照之於天」即是不投入是非爭論的圈子裏，撤除主觀的成見，超拔於無窮相對的境地，而直接以明覺之心照見事物本真的情狀。這也就是因任自然的道理（「亦因是也」）「彼」「此」既然是對待產生的，而對待關係又非恒定的，既然如此，我們的心靈便應該超拔於對立的關係之上，因此，莊子又說：「樞始得其環中，以應無窮。」「環中」乃喻語，表心靈在一切流轉中，獨居中心不變之地，「以應無窮」則言心靈順應一切流轉之事象觀念。「是亦一無窮，非亦一無窮」，所以說明一切是非永為封閉系統的循環相繼。〔註40〕在這裡，莊子再度提出「莫若以明」的虛靜工夫，強調唯有打開封閉性的局限，不以主觀的成見去鰲定是非，才能照見事物的真相。

（三）「以指喻指之非指，不若以非指喻指之非指；以馬喻馬之非馬，不若以非馬喻馬之非馬也。」這話的意思是：以我來衡量他，不如以他來衡

〔註40〕參閱勞思光著《中國哲學史》第一卷，頁215，香港中文大學崇基學院出版。

量我。由於爭執的發生，常是由「我」的一方斷言，常是出於自我中心的觀點。若能從他方看過來，許多爭論也許不致於發生，因而在觀點上不致於自我執著，在態度上不致失之武斷。但這不是莊子最後的主張，他最終的觀點是：「天地一指也，萬物一馬也。」莊子認爲天地之大，無異一指；萬物之多，無異一馬。「一指」「一馬」，意指同一的概念，是針對雜多的概念而發的。他說這話的目的，在於提示世人棄差別而歸同一，棄對立而求調和，棄分歧而歸整體。〔註41〕

其次，就表意方式而言，莊子在說明這些道理時，並沒有使用任何角色，而是直接地以一般的語言、文字來加以議論說明，因此，這段話應該歸於「巵言以明道」之下。

第二則

> 有始也者，有未始有始也者，有未始有夫未始有始也者。有有也者，有無也者，有未始有無也者，有未始有夫未始有無也者，俄而有無矣，而未知有無之果孰有孰無也。（〈齊物論〉，頁79）

【剖析】

這段話的主旨在於探問宇宙的眞相，追溯宇宙的根源。吳康說：

> 愚按《莊子》此文，推言天地萬物衍變之原，舉其演化程序原則爲說。始者，形質見也，現象之始也。未始有始，未見形質，則實體渾淪之境也，未始有夫未始有始也者，則設想所以生此實體之原理，即假定其時尚未有此實體，乃一純原理之境界，所謂究極之理想境，亦即前云無有一無有者也。蓋依形上之義，實體爲實境爲實在性（reality），則必有所由生此實境之原理，是曰理境爲觀念生（理想性）（ideality），實境與理想冥合，故黑格爾謂合理者必實在，實在者必合理也。有無亦同，有也無也，相對也，（此無乃現象界之無，與有對待，爲經驗系列之一，非本體界之無），現象界之物象也。未始有無，則物象未分，在混沌渾淪之境，即前之實境也。再進而未始有夫未始有無，則並此實境而無之，乃入於生此實境之理境也。所謂無所自，無所遣，玄之又玄，眾妙之門，俱無亦無，迴絕稱謂，大道玄同之域也。惟實境理境，並是絕對，永恒無限，其

〔註41〕參閱陳鼓應著《莊子哲學探究》，頁94～99，撰者印行。

極無先後之分，特實境指存在（being）（實在）而言，而理境指原
理（principles）或法則（laws）而言，二者同時並立，特爲詞有不
同耳，以其爲境，皆非感官知覺之所及，故曰本體界。俄而物象既
形，然此乃相對之現象，變化無常，存亡不一，今日有者，明日可
無，今歲無者，明歲可有，有無非固定不易也，故曰，而未知有無
之果孰有孰無也。〔註42〕

按：吳氏所說的「實境」就是「道」，「道」是客觀的形上實體，是絕對的，
　　永恒無限的，非感官知覺所能企及的「抽象存在」。它是宇宙有的根源。
　　天地萬物即因它而生成。

　　其次，就表意方式而言，莊子在說明這個道理時，並沒有使用任何角色，
而是直接地運用一般的語言、文字來加以說明，因此，這段話應該歸於「卮
言以明道」之下。

第三則

泰初有無，無有無名；一之所起，有一而未形。物得以生，謂之德，
未形者有分，且然無間，謂之命；留動而生物，物成生理，謂之形；
形體保神，各有儀則，謂之性。（〈天地〉篇，頁424）

【剖析】

　　這段話主旨在於說明天地萬物的創生歷程。所謂「泰初」，就是指宇宙的
始原。有「无」的無，就是道。這時的道還不能稱爲「有」，它全然是無形無
名的。換句話說，道是一種超乎名相限制的形上實體，它是生成天地萬物的
根源。〔註43〕「一之所起」的「一」，郭象說：「一者，有之初，至妙者也」，
這個「一」，從無到有（現象界之有）的中間狀態；因尙無分別相，所以是一；
正因其是一，所以說「有一而未形」。德依然是將形而未形，但它已從「一」
分化而爲多，所以說「未形者有分」；以見德在「未形」這一點上，與「一」
相同；而在「有分」這一點上，卻已經較「一」更向下落實了一層。因爲「有

〔註42〕參閱吳康著《老莊哲學》，頁81～81，民文出版社印行。
〔註43〕王煜說：道家的「無」有三層涵義：（1）物理的或形而下的空間，如海德格
　　　　在「詩歌、語言、思想」英譯本頁169所謂陶瓶空間之無。（2）客觀的形上
　　　　實體，因爲天道沒有形相等限制。此乃第一序的無。（3）主觀的心靈境，
　　　　由於沒有偏執。這是第二序的無，晉代裴頠〈崇有論〉所不懂。（見王著《老
　　　　莊思想論集》，頁5～6，聯經出版事業公司印行）

「分」，所以才能分別凝結而成就萬物。至於「命」，還是緊承「未形者有分」而來，未形的「一」，分散於各物，就是「德」，每一物分得如此，就是如此（且然），毫無出入（無間），就即是「命」。「德」雖然「未形」，但它從「一」分化出來的作用即是「生」，生的成就即是物；「流動」是形容分化而生物過程中的活動情形。「物成生理」，是說成就物後而具有生命、條理，即是「形」；「形」因是「德」的具體表現，因此，它一定是合理的，故謂之「生理」。但「德」是「未形」，而「形」是「已形」，未形與已形之間有了距離、間隔，這是創造過程中的一種危機。但「形體保神」，即形體之中，還保有精神的作用，而這種精神作用，是有儀有則的，這即是「性」。所以「性」是「德」在成物以後，依然保持在物的形體以內的種子。〔註44〕

　　由以上的論述來看，所謂「德命形性」，可以說都是由「道」而生成，「道」在生成「德命形性」時，依著一定的程序，由「德」而「命」而「形」而「性」，層層向下落實，有條不紊。因此，就創造歷程而言，「德」「命」「形」「性」四者，有先後的分別，然而，若就同本於「道」而生成的觀點來看，則「德」「命」「形」「性」四者之間，並沒有分別。

　　其次，就表意方式而言，莊子後學在說明這些道理時，並沒有使用任何角色，而是以一般的語言、文字來加以說明，因此，這段話應該歸於「卮言以明道」之下。

第四則

　　出無本，入無竅。有實而無乎處，有長而無乎本剽，有所出而無竅者有實，有實而無乎處者，宇也。有長而無本剽者，宙也。有乎生，有乎死，有乎出，有乎入，入出而無見其形，是謂天門。天門者，無有也，萬物出乎無有。有不能以有為有，必出乎無有，而無有一無有。聖人藏乎是。（〈庚桑楚〉，頁800）

【剖析】

　　這段話的主旨在於界定「宇」「宙」二字的意義，以及探討「宇宙」的來源，最後以「聖人藏乎是」作結，足見莊子的宇宙論是他的人生哲學的副產物。

　　出無本，入無竅；有所出而無本者有實，有所入而無竅者有長；有實而無處，有長而無乎本剽；有實而無乎處者，宇也，有長而無乎

本剽者，宙也。〔註45〕

有出有入有實有長指宇宙的具體現象。實和長指的是宇宙的具體內容，即是我們通常所界定的時空。無本無處指無端無涯的空間，無竆無本剽指無始無終的時間，這兩句話直接說明莊子的時空是無限的。有實而無乎處者，宇也，有長而無本剽者，宙也，郭象說：宇有四方上下，而四方上下未有窮處；宙有古今之長，而古今之長無極。〔註46〕進一步，莊子更消除了有限和無限之間的矛盾衝突，而把宇宙的有限性和無限性調和了。有實有長的有限性不妨害無限性的根基，無乎處無乎本剽的無限性也不排除有限性，而且包容了有限性。一方面，莊子肯定宇宙有其有限的一面，時空有其具體可認識的內涵；但另一方面，莊子則認為宇宙是無限的，時空到底摸不著邊際，尋不出頭尾。有限的和具體的，祇是宇宙時空的表面現象，莊子透過這一層，進入了宇宙時空的無限深度。〔註47〕

> 有乎生，有乎死，有乎出，有乎入，入出而無見其形，是謂天門。
> 天門者，無有也，萬物出乎無有。有不能以有為有，必出乎無有，
> 而無有一無有。

這段話在於探究宇宙的來源問題。郭象說：

> 死生出入，皆欻然自爾，無所由，故無所見其形。天門者，萬物之
> 都名也，謂之天門，猶云眾妙之門也。死生出入，皆欻然自爾，未
> 有為之者也。然則聚散隱顯，故有出入之名，徒有名耳，竟無出入，
> 門其安在乎？故以無為門，以無為門，則無門也。夫有之未生，以
> 何為生乎？故必自有耳，豈有之所能有乎？此所以明有之不能為有
> 而自有耳，非謂無能為有也。若無能為有，何謂無乎？一無有，則
> 遂無矣，無者遂無，則有自欻生明矣。〔註48〕

依照郭氏的說法，宇宙是根源自生自化，別無為之根據的原因。這與莊子的思想，顯然有所出入。因此，吳康駁之，說：

〔註45〕 自「出無本」起，至「有所出而無竆者有實」為止，馬敍倫說：「倫按此文有錯辭，此句亦誤。上文曰：出無本，入無竆。竆屬入言，此以出言，則得上文不合。當作有所出而無本者有實，有所入而無竆者有長，本是兩句，誤併如今文，且應移在有實而無處上。」（見馬敍倫著《莊子義證》，頁620，弘道文化事業公司印行）按：馬氏的說法，相當合理，今據正。
〔註46〕 見清郭慶藩輯《莊子集釋》，頁801，河洛圖書公司印行。
〔註47〕 參閱葉海煙著《莊子宇宙論試探》，頁7～8。
〔註48〕 見清郭慶藩輯《莊子集釋》，頁801～802。

愚按天門爲眾妙之門，爲天地萬物之所從出，郭說是也。萬物出乎
無有，即老子天下萬物生於有，有生於無之意，故曰：「有不能以有
爲有，必出乎無有」，義至昭彰，無少疑慮，其難辨析者，而無有一
無有一辭耳。頗謂「有」爲現象，可見者也，即感官可接之對象也。
有生於無，則無不可見，是爲實體，乃感官所不及者也。故無有應
解作非現象不宜直論爲非有或非存在，非現象者何？實體也，乃康
德所云之睿智界（了悟界）也。此爲現象界之所從出，故曰，有必
出乎無有，謂現象必出於實體也。實體是絕對境，人法雙忘，是非
俱遣，不能以執著某一義者視之，故曰無有一無有也。然質言之，
實體亦有其所以爲實體之原理，謂即其理想性，特實體既是絕對，
則此理想性亦同是絕對，絕對止於絕對，亦終於爲不可見之實體而
已；則亦是無有一無有，言此實體，不可以執著於一迹象求之也。
郭子玄不明此恉，乃謂無不能爲有，無能爲有，何謂無乎云云，拘
執字面，遂穿鑿其本義。〔註49〕

最後，莊子後學以「聖人藏乎是」作結，可見莊子的宇宙論只是他的人生論
的副產物而已。因此，徐復觀說：

道家的宇宙論，可以說是他的人生哲學的副產業。他不僅要在宇宙
根源的地方來發現人的根源；並且要在宇宙根源的地方，來決定人
生與自己根源相應的生活態度，以取得人生的安全立足點。所以道
家的宇宙論，實即道家的人性論。因爲他把人之所以爲人的本質，
安放在宇宙根源的處所，而要求與其一致。〔註50〕

其次，就表意方式而言，莊子後學在說明這些道理時，並沒有使用任何角色，
而是直接地運用一般的語言、文字來加以說明，因此，這段話應該歸於「卮
言以明道」之下。

第四節　莊子用寓言中含有重言以説明道的舉例

第一則

北冥有魚，其名爲鯤。鯤之大，不知其幾千里也。化而爲鳥，其名爲

〔註49〕參閱吳康著《老莊哲學》，頁78～79，民文出版社印行。
〔註50〕參閱徐復觀著《中國人性論史先秦篇》，頁325～326，臺灣商務印書館印行。

－105－

鵬。鵬之背，不知其幾千里也；怒而飛，其翼若垂天之雲。是鳥也，海運則將徙於南冥。南冥者，天池也。《齊諧》者，志怪者也。《諧》之言曰：鵬之徙於南冥也，水擊三千里，搏扶搖而上者九萬里，去以六月息者也。野馬也，塵埃也，生物之以息相吹也。天之蒼蒼，其正色邪？其遠而無所至極邪？其視下邪，亦若是則已矣。且夫水之積也不厚，則其負大舟也無力。覆杯水於坳堂之上，則芥爲之舟；置杯焉則膠，水淺而舟大也。風之積也不厚，則其負大翼也無力，故九萬里，則風斯在下矣，而後乃今培風；背負青天而莫之夭閼者，而後乃今將圖南。蜩與學鳩笑之曰：我決起而飛，搶榆枋，時則不至而控於地而已矣，奚以之九萬里而南爲？適莽蒼者，三湌而反，腹猶果然；適百里者，宿春糧；適千里者，三月聚糧。之二蟲又何知！小知不及大知，小年不及大年。奚以知其然也？朝菌不知晦朔，蟪蛄不知春秋，此小年也。楚之南有冥靈者，以五百歲爲春，五百歲爲秋；上古有大椿者，以八千歲爲春，八千歲爲秋。而彭祖乃今以久特聞，眾人匹之，不亦悲乎！湯之問棘也是已。窮髮之北有冥海者，天池也。有魚焉，其廣數千里，未有知其修者，其名爲鯤。有鳥焉，其名爲鵬，背若太山，翼若垂天之雲，搏扶搖羊角而上者九萬里，絕雲氣，負青天，然後圖南，且適南冥也。斥鴳笑之曰：彼且奚適也？我騰躍而上，不過數仞而上，翱翔蓬蒿之間，此亦飛之至也。而彼且奚適也？此小大之辯也。（〈逍遙遊〉，頁2～4）

【剖析】

這段話的主指在於說明小不及大的道理。全文可以分爲四小段：

（一）自「北冥有魚」起，至「其視下也，亦若是則已矣」爲止。莊子深深了解到，人的閉塞，在於見小而不識大，因而他的第一番手筆，在於描寫一個「大」，使人遊於至大之域。他從經驗事物中抽離出來，藉變形的巨鯤大鵬，〔註51〕突破物質形相的拘限，創造一個無邊的大世界，托出一番浩瀚

〔註51〕 關於鯤、鵬：羅勉道說：「鯤，魚子。《本資料引自錢穆著《莊子纂箋》內篇〈逍遙遊〉，頁1，自印本》《説文解字》：「鵬，亦古文鳳。段《注》：既象其形矣，又加鳥旁。蓋朋者，最初古文，鵬者，踵爲之者也。《莊子》書：化而爲鳥，其名爲鵬。崔云：古鳳字。按莊生寓言故。鯤，魚子也。鵬，群鳥之一也，而皆云：大，不知其幾千里。」見《説文解字注》，頁150，段玉裁著，藝文印書館印行）按：可見鯤、鵬，本無大意。

的大氣象。將人的心靈帶進一個超越高遠的境界中。由巨鯤潛藏的北冥，到大鵬展翅高飛的天池，拉開了一個無窮開放的空間系統。

　　（二）自「且夫水之積也不厚」起，至「而後乃今將圖南」爲止。這說明積厚是大成的必要條件。大成者的心靈空間不僅要有廣度闊度，也要有深度厚度。大成之人，須積才、學、氣、勢於一身，才能成其大；大鵬圖南，途程遙遠，必資以九萬里大風而後成行。

　　（三）自「蜩與學鳩笑之曰」起，至「眾人匹之，不亦悲乎」爲止。這說明小不及大的道理。莊子藉二蟲不解大鵬的寓言，以喻俗人不知至人的廣大，進而評斷「小知不及大知」。由「小知不及大知」，再引出「小年不及大年」。朝菌蟪蛄生命稍縱即逝，是爲小年；冥靈大椿，活者千年萬年，是爲大年。世人匹比彭祖，正是小年匹大年。因此，莊子在這裡點出以小匹大的可嘆！

　　（四）自「湯之問棘也是已」起，至「比小大之辯也」爲止。莊子最後用「小大之辯」作爲結語，以示小天地和大世界的不同，並說明世俗價值與境界哲學的差異。〔註52〕在這裡，我們不難發現「大鵬」事實上就是「道」的化身，同時也是至人、神人、聖人的代表。莊子認爲只有至人、神人、聖人，因爲體道有成，因此，能夠像大鵬一樣，遊於至大之域，達到逍遙自在的境界。這種境界，猶人之仰望上天：「其色蒼蒼，其遠而無所至極」，是如此的廣闊無限，正象徵著至人、神人、聖人的精神，是何等逍遙、自在！〔註53〕反觀蜩鳩，則指目光如豆的俗人而言，他們因爲心靈被拘執在俗世的環域中，因此，精神不得自由，氣象不能宏闊。然而，郭象卻把鯤鵬與蜩鳩解釋爲：「各適其性」，與莊子原意正相反。郭象說：

　　　　雖大鵬無以自貴於小鳥，小鳥無羨於天池，而榮願有餘矣。故小大雖殊，逍遙一也。〔註54〕

若果如郭氏所說，大鵬、小鳥，「小大雖殊，逍遙一也」，則莊子所嚮往的至人境界何在？關於這點，錢穆說的極是，他說：

　　　　莊子言人生，實有他一套細密功夫，亦有他心中所祈求的一番理想境界，而郭象則把這些功夫與境界都抹殺了。〔註55〕

〔註52〕參閱陳鼓應著《莊子哲學探究》，頁82～84。
〔註53〕參閱成源發著《莊子寓言探究》，頁46，《臺北師專學報》第3期。
〔註54〕見清郭慶藩輯《莊子集釋》，頁9，河洛圖書公司印行。
〔註55〕本資料引自成源發撰《莊子寓言探究》，頁46，《臺北師專學報》第3期。

又說：

> 莊子在人生消極處、不得已處（如死、惡疾之類），常有委天順運的
> 說法；然把消極處、不得已處，一切委付於天、於命，正要人在理
> 想可能處，積極處下功夫。若一切委付於自然，只要存在的，都是
> 合理的，而且不可逃，如是則有自然，無人生；有遭遇，無理想；
> 有放任，無功夫，決非莊子本意。〔註56〕

又說：

> 莊周就人生言：人之智慧、意境，有大有小；然人當處其大，不當
> 處其小。以物為譬，則人生當為大鵬，不當效斥鷃。舉人為例，人
> 當師南郭子綦，不當安於常俗。郭象謂：斥鷃不羨天池，榮願已足，
> 則變成大知閑閑，小知閒閒，大言炎炎，小言詹詹者，同一自然性
> 足了？當知：小知小言，即是在人的性分上不夠格，故莊子必在人
> 中分出至人、真人來，如此之人，始可謂有得；若斥鷃之人、蟪蛄
> 之人，可悲可憐，莊子方力斥而屢斥之，大人、至人、真人，正與
> 此等小人有異，烏得謂：「萬物未足為異而與我同得？」〔註57〕

其次，就表意方式而言，莊子在說明這個道理時，使用了鯤、鵬、蜩、
鳩、朝菌、蟪蛄、斥鷃、冥靈、大椿等屬於寓言的角色，同時也引重齊諧之
語，運用湯問棘的話，可見這段話是寓言與重言兩種文體靈活運用下的產物。
又，就角色出現的先後而言，在這段話裡，總的來說，最早出現的是寓言的
角色──鯤，因此，它應該歸於「寓言中含有重言以明道」之下。

第二則

> 知北遊於玄水之上，登隱弅之丘，而適遭無為謂焉。知謂無為謂曰：
> 予欲有問乎若：何思何慮則知道？何處何服則安道？何從何道則得
> 道？三問而無為謂不答，非不答，不知答也。知不得問，反於白水
> 之南，登狐闋之上，而睹狂屈焉。知以之言也問乎狂屈。狂屈曰：
> 唉！予知之，將語若，中欲言而忘其所欲言。知不得問，反於帝宮，
> 見黃帝而問焉。黃帝曰：無思無慮始知道，無處無服始安道，無從
> 無道始得道。知問黃帝曰：我與若知之，彼與彼不知也，其孰是邪？
> 黃帝曰：彼無為謂真是也，狂屈似之；我與汝終不近也。夫知者不

〔註56〕 同註55。
〔註57〕 同註55。

言，言者不知，故聖人行不言之教。道不可致，德不可至。仁可爲也，義可虧也，禮相僞也。故曰：失道而後德，失德而後仁，失仁而後義，失義而後禮。禮者，道之華而亂之首也。故曰：爲道者日損，損之又損，以至於無爲，無爲而無不爲也。今已爲物也，欲復歸根，不亦難乎！其易也，其唯大人乎！生也，死之徒，死也，生之始，孰知其紀！人之生，氣之聚也；聚則爲生，散則爲死。若死生爲徒，吾又何患！故萬物一也，是其所美者爲神奇，其所惡者爲臭腐；臭腐復化爲神奇，神奇復化爲臭腐。故曰：通天下一氣耳。聖人故貴一。知謂黃帝曰：吾問無爲謂，無爲謂不應我，非不應我，不知應我也。吾問狂屈，狂屈中欲告我而不我告，非不我告，中欲告而忘之也。今予問乎若，若知之，奚故不近？黃帝曰：彼其眞是也，以其不知也；此其似之也，以其忘之也；予與若終不近也，以其知之也。狂屈聞之，以黃帝爲知言。（〈知北遊〉，頁729～734）

【剖析】

　　這段話的主旨在於說明無爲之道。知、無爲謂、狂屈及黃帝四人，除黃帝外，其餘三人都是虛擬寄托爲人名；「知」，意指分別智。「無爲謂」，即爲無爲無謂；無爲即自然，無謂爲無言，喻道性自然，且超言說。「狂屈」，喻「道」的不拘形迹而屈然無知（無分別知）。〔註58〕全文可以分爲五小段：

　　（一）自「知北遊於玄水之上」起，至「不知答也」爲止。說明「無爲謂」不知回答「道」。

　　（二）自「知不得問，反於白水之南」起，至「欲言而忘其所欲言」爲止。說明狂屈忘掉自己想說的「道」。

　　（三）自「知不得問，反於帝宮」起，至「無從無道始得道」爲止。說明「道」尚無爲的道理。

　　（四）自「知問黃帝曰」起，至「聖人故貴一」爲止。說明知者不言，言者不知，生聚死散，萬物爲一。

　　（五）自「知謂黃帝曰」起，至「以黃帝爲知言」爲止。說明「無爲謂」眞知道，「狂屈」近於道，「黃帝」與「知」不近道。〔註59〕

陳鼓應說：

〔註58〕參閱陳鼓應著《莊子哲學探究》，頁189，撰者印行。
〔註59〕參閱葉程義著《莊子寓言研究》，頁210～211，義聲出版社印行。

四人談道，作了兩點提示：1. 宇宙是一有機的生命，爲不可分割的整體，道與各物的關係，乃整體與部分的關係。「聖人故貴一」，「貴一」即貴不可分割的整體。「知」的某個意義乃是分別的能力，如知物我、知主客，也就是能分別物與我，主與客。整體則無物我、主客之分，所以就「貴一」（重視整體）的道家而言，分別之知，自然不爲其所依循。所謂「言者不知，知者不言」，乃就道之非分解性之知的對象及其超言說性而言，因言與知的作用乃屬分解性的，無法用以把握整全無分之道，故而老莊都主張去言去知。2. 宇宙生命是創造和毀滅的無窮循環，「人之生，氣之聚也；聚則爲生，散則爲死。……臭腐復化爲神奇，神奇復化爲臭腐。故曰「通天下一氣耳。」這不僅說宇宙在長流不息中，也說明氣爲構成萬物最基本的原質。這和希臘哲學家希拉克利多斯一樣，把一切物體看作是同一原質的變遷。〔註60〕

其次，就表意方式而言，莊子後學在說明這些道理時，使用了知、無爲謂、狂屈等屬於寓言的角色，同時，也使用了屬於重言的角色──黃帝，可見這段話是寓言與重言兩種文體靈活運用下的產物。又，就整個角色出現的先後而言，在這段話裏，最早出場的是屬於寓言的角色──知，因此，它應該歸於「寓言中含有重言以明道」之下。

第五節　莊子用重言中含有寓言以說明道的舉例

第一則

> 昔者莊周夢爲胡蝶，栩栩然胡蝶也，自喻適志與！不知周也。俄然覺，則蘧蘧然周也。不知周之夢爲胡蝶與，胡蝶之夢爲周與！周與胡蝶，則必有分矣。此之謂物化。（〈齊物論〉，頁 112）

【剖析】

這段話的主旨在於說明「物化」──死生一如的道理。在這裡，莊子現身說法，以夢蝶的事情寄託有分和無分，有分就是個體互異，無分就是萬物齊一，其實質是說：「萬象不齊，有分是現象，是夢幻；而本真則爲絕對、無分、齊一、不變。」這可以說是死生一如的基本觀念。〔註61〕顏崑陽說：

〔註60〕參閱陳鼓應著《莊子哲學探究》，頁 190，撰者印行。
〔註61〕參閱黃錦鋐著《新譯莊子讀本》、參、〈莊子學說要旨（二）莊子的人生觀〉，

物化，指物象的變化。在莊子思想中，本體之道，絕對唯一，而且永恒不變。現象之物，則其形變化不定。萬物同稟一氣而成形，氣聚而形現，吾人謂之生，氣散而形釋，吾人謂之死。但形雖變，而其為氣則一。故自其本根來看，萬物只有變化而無死生。故〈寓言〉篇云：「萬物皆種也，以不同形相禪，始卒若環，莫得其倫。」這樣說來，莊周與胡蝶，自其形象觀之，則必有分有化。而自其本體觀之，則一而不化。而現象既變化不定，則莊周可以為胡蝶，胡蝶可以為莊周；莊周不必是莊周，胡蝶不必是胡蝶。這就是莊子「物化」的道理。〔註62〕

　　其次，就表意方式而言，莊子在說明這個道理時，使用了屬於重言的角色－莊子，也使用了屬於寓言的角色－胡蝶，可見這段話是重言與寓言兩種文體靈活運用下的產物。又，就整個角色出場的先後而言，在這段話裏，最早出現的屬於重言的角色－莊子，因此，它應該歸於「重言中含有寓言以明道」之下。

第二則

　　庖丁為文惠君解牛，手之所觸，肩之所倚，足之所履，膝之所踦，砉然嚮然，奏刀騞然，莫不中音，合於桑林之舞，乃中經首之會。文惠君曰：譆，善哉！技蓋至此乎？庖丁釋刀對曰：臣之所好者道也，進乎技矣。始臣解牛之時，所見無非〔全〕牛者。三年之後，未嘗見全牛也。方今之時，臣以神遇而不以目視，官知此而神欲行。依乎天理，批大郤，導大窾，因其固然。技經肯綮之未嘗，而況大軱乎！良庖歲更刀，割也：族庖月更刀，折也。今臣之刀十九年矣，所解數千牛矣，而刀刃若新發於硎。彼節者有閒，而刀刃者无厚：以無厚入有閒，恢恢乎其於遊刃必有餘地矣，是以十九年而刀刃若新發於硎。雖然，每至於族，吾見其難為，怵然為戒，視為止，行為遲。動刀甚微，謋然已解，如土委地。提刀而立，為之四顧，為之躊躇滿志，善刀而藏之。文惠君曰：善哉！吾聞庖丁之言，得養生焉。（〈養生主〉，頁117～124）

　　　　頁37，三民書局印行。

〔註62〕見顏崑陽著《莊子的寓言世界》，頁214，尚友出版社印行。

【剖析】

這段話的主旨在於說明養生之道——順任自然。全文可以分為四小段：

（一）自「庖丁為文惠君解牛」起，至「乃中經首之會」為止。說明庖丁解牛的活動，已臻藝術化的境界。「手之所觸，肩之所倚，足之所履，膝之所踦，」是形容解牛的動作；「砉然嚮然，奏刀騞然，莫不中音。合於桑林之舞，乃中經首之會。」是寫解牛的聲音，這解牛的聲音不但好聽，而且已經臻於音樂化了。

（二）「文惠君曰：『譆！善哉！技蓋至此乎？』」為承，讚嘆庖丁神乎其技，同時，開啓下段庖丁的解說。

（三）自「庖丁釋刀對曰」起，至「善刀而藏之」為止。說明解牛之道在依乎天理，因其固然，並點出解牛的修養歷程為：最初仍執我而未忘我，恰似庖丁所見只是牛；進一步便為逐漸忘我，正如庖丁未睹全牛；最後破除主客的對立，徹底忘我，與牛玄同冥合，渾化為一，好比庖丁以精神控制四肢五官，一任天理之自然或固然。〔註63〕

（四）最後以「文惠君曰：『善哉！吾聞庖丁之言，得養生焉。』」作結，畫龍點睛，道出主題。〔註64〕

梁宜生說：

> 庖丁這番話雖是說解牛，實在隱藏著一個大道理，這就是養生之道。
> 刀喻生命，解牛喻人生的種種思想、作為。能順其自然不違反本性
> 去做，猶如解牛之「依乎天理」，便可使生命不受傷害。反過來說，
> 強求知其所不可知，強求能其所不可能，固然不易成功，亦必徒然
> 自傷其生。〔註65〕

其次，就表意方式而言，莊子在說明這個道理時，使用了屬於重言的角色——庖丁、文惠君；同時，也使用了屬於寓言的角色——牛，可見這段話是重言與寓言兩種文體靈活運用下的產物。又，就整個角色出場的先後而言，最早出場的是屬於重言的角色——庖丁，因此，這段話應該歸於「重言中含有寓言以明道」之下。

第三則

夫道，有情有信，無為無形；何傳而不可受，可得而不可見；自本自

〔註63〕參閱王煜著《老莊思想論集》，頁441，聯經出版事業公司印行。
〔註64〕參閱葉程義著《莊子寓言研究》，頁94，義聲出版社印行。
〔註65〕參閱梁宜生著《從「養生主」看莊子》，《人生》，二卷10期。

根，未有天地，自古以固存；神鬼神帝，生天生地；在太極之先而不
爲高，在六極之下而不爲深，先天地生而不爲久，長於上古而不爲老。
豨韋氏得之，以挈天地；伏戲氏得之，以襲氣母；維斗得之，終古不
忒；日月得之，終古不息；堪坏得之，以襲崑崙，馮夷得之，以遊大
川；肩吾得之，以處大山；黃帝得之，以登雲天；顓頊得之，以處玄
宮；禺強得之，立乎北極；西王母得之，坐乎少廣，莫知其始，莫知
其終；彭祖得之，上及有虞，下及五伯；傅說得之，以相武丁，奄有
天下，乘東維，騎箕尾，而比於列星。（〈大宗師〉，頁 246～247）

【剖析】

這段話的主旨在於說明道無所不在。全文可以分爲二小段：

（一）自「夫道，有情有信」起，至「長於上古而不爲老」爲止。說明「道」
　　　的崇高偉大神奇奧妙。

（二）自「豨韋氏得之」起，至「而比於列星」爲止。說明「道」無所不
　　　在。

茲依先後，分別加以詳析之如下：

第一小段：

夫道，有情有信，無爲無形，可傳而不可受，可得不可見。

這裏指出「道」的實存性。「有情有信」是說道有眞實之內涵，並非空虛之物，
而有其眞實的存在。

無爲無形，可傳而不可受，可得而不可見，則進一步說明道不在有爲有
形的現象界，而是超越了吾人感官的認識範圍。道之實存即本體之實存，道
的整個實存性就是本體所具的一切性質，而本體之所有性質中最主要也最顯
著的，就是超越感官的認識活動，因此說：不可受不可見；雖然仍可傳可得，
仍可爲吾人所把握，究道道是超越感官的認識途逕的。〔註66〕

自本自根，未有天地，自古以固存，神鬼神帝，生天生地。

道「自本自根」，這與「道法自然」同義。即「道」是自然。道不是被造的某
物，它的存在不需要倚賴他物，道是自因自果，自然而自化自生，故能「未
有天地，自古以固存」。「神鬼神帝，生天生地」，說明鬼神天地都是因道而生
成，可見「道」是生成天地萬物的最高原理。不過，道的生成天地萬物，並

〔註66〕參閱葉海煙著《莊子宇宙論試探》，頁 33～34。

不能積極的參與創造，它不過是消極的不禁不塞而已，換句話說，道的生成性或實現性，屬於境界形態，不屬於實有形態。它只是天地萬物的形上根據而已。〔註67〕

> 在太極之先而不為高，在六極之下而不為深；先天地生而不為久，長於上古而不為老。

這是說明「道」是超乎時間和空間的。

第二小段：

> 狶韋氏得之，以挈天地；伏戲氏得之，以襲氣母，維斗得之，終古不忒；日月得之，終古不息，堪杯得之，以襲崑崙，馮夷得之，以遊大川；肩吾得之，以處大山；黃帝得之，以登雲天；顓頊得之，以處玄宮；禺強得之，立乎北極；西王母得之，坐乎少廣，莫知其始，莫知其終；彭祖得之，上及有虞，下及五伯；傅說得之，以相武丁，奄有天下，乘東維，騎箕尾，而比於列星。

這是說明「道」無所不在。王煜說：

> 生於神話流行時代的莊子，雖常創作寓言而罕作神話，他不熱心於神話創作，但頗喜愛徵引傳說中的帝王與神話中的山水之神靈，以輔助陳述天道的全能與遍在。〔註68〕

其次，就表意方式而言，莊子在說明這個道理時，使用了伏羲、黃帝、顓頊、彭祖、傅說等屬於重言的角色，同時，也使用了堪杯、肩吾、馮夷、西王母等屬於寓言的角色，可見這段話是重言與寓言兩種文體靈活運用下的產物。又，就整個角色出現的先後而言，在這段話裏，最早出場的是屬於重言的角色——狶韋氏，因此，它應該歸於「重言中含有寓言以明道」之下。

第四則

> 黃帝遊乎赤水之北，登乎崑崙之丘而南望，還歸，遺其玄珠。使知索之而不得，使離朱索之而不得，使喫詬索之而不得也。乃使象罔，象罔得之。黃帝曰：異哉！象罔乃可以得之乎？（〈天地〉，頁414）

【剖析】

這段話的主旨在於說明得道的方法——無心。「玄珠」喻奧玄的道，「知」

〔註67〕 參閱王煜著《老莊思想論集》，頁13～16，聯經出版事業公司印行。
〔註68〕 參閱王煜著《老莊思想論集》，頁3。

喻眼目明察，「離朱」喻聲聞言辯，「喫詬」喻心智思維。道不是具體的事物，以心智、眼目、言辯的感覺之知去索求，是無法得到的，這三者有時反足以掩蔽真性，而愈求愈遠。「使象罔，像罔得之」。「象罔」喻無心。自然無為之道，當棄除心機智巧，而於靜默無心中領會。〔註69〕

林希逸說：

> 求道不在於聰明，不在於言語，即佛經所謂：以有思維心求大圓覺，
> 如以螢火燒須彌山。〔註70〕

其次，就表意方式而言，莊子在說明這個道理時，使用了屬於重言的角色——黃帝，同時，也使用了玄珠、知、離朱、喫詬、象罔等屬於寓言的角色，可見這段話是重言與寓言兩種文體靈活運用下的產物。又，就整個角色出現的先後而言，在這段話裏，最早出場的是屬於重言的角色——黃帝，因此，應該歸於「重言中含有寓言以明道」之下。

第五則

> 莊子與惠施遊於濠梁之上。莊子曰：儵魚出遊從容，是魚之樂也。
> 惠子曰：子非魚，安知魚之樂？莊子曰：子非我，安知我不知魚之
> 樂？惠子曰：我非子，固不知子矣；子固非魚也，子之不知魚之樂，
> 全矣。莊子曰：請循其本。子曰「汝安知魚樂」云者，既已知吾知
> 之而問我，我知之濠上也。（〈秋水〉，頁606～607）

【剖析】

這段話的主旨在於指出物我不分與物我有別的兩種情狀。莊子因感受物我一體，因此，可以知道魚的快樂。反觀惠施，則執迹於形相，強調物我有別，因此，不能領會魚的快樂。徐復觀說：

> 在這一故事中，實把認識之知的情形，與美的觀照的知覺情形，作
> 了一個顯明的對比。莊子所代表的是以無用為用，忘我物化心的藝
> 術精神。而惠施所代表的「偏為萬物說」，以「善辯為名」的理智
> 精神。兩人的辯難，悉由此不同的典型性格而來。在此一故事中，
> 他們兩人對於同一的濠梁之魚，實採取兩種不同的態度。莊子是以
> 恬適地感情與知覺，對魚作美的觀照，因而使魚成為美的對象。「儵

〔註69〕參閱陳鼓應著《莊子哲學探究》，頁126，撰者印行。
〔註70〕參閱林希逸著《莊子口義》，藝文印書館印行。

魚出遊從容，是魚之樂」，正是對於美的對象的描述，也是對於美的對象，作了康德所說的趣味判斷。這種從認識了知，解放出來的美的觀照，爲惠子所不能了解，便立刻把此一對象，拿進理智地解析中去；在理智地解析中，追問莊子判斷與被判斷之間的因果關係。惠施是以認識判斷來看莊子的趣味判斷，要把趣味判斷轉移到認識判斷中去找根據，因而懷疑莊子「魚樂」的判斷不能成立，這是不了解兩種判斷性質的根本不同。莊子經此一問，立刻從美的觀照的精神狀態中冷卻下來，也對惠子作理智的反問。但莊子順著理智之路，並不能解答惠子所提出的問題，也不能反而難倒惠子。所以當惠子再進一步「子非魚」的追問時，莊子便從理智中回轉頭去，而「請循其本」，清理此問題最初呈現時的情景。莊子接著說：「子曰：汝安知魚樂云者，旣已知吾知之而問我」，這是詭辯，不是「循其本」的「本」。「循其本」的「本」，乃在「我知之濠上也」一語。「安知魚之樂」的知，是認識之知，理智之知。而「我知之濠上」之「知」，是孤立地知覺之知，即是美的觀照中的直觀、洞察。因爲是知覺、是直觀、是孤立而集中的活動，所以對象是當下全面而具象地觀照；在觀照的同時，即成立趣味判斷。觀照時不是通過論理、分析之路；由此所得的判斷，只是當下「即物」的印證，而沒有其他的原因、法則可說。這是忘知之後，虛靜之心與物的直接照射，因而使物成爲美的對象；這才是「請循其本」的本。「我知之濠上也」，是說明魚之樂，是在濠上的美的觀照中，當下呈現的；這裏安設不下理智、思辯的活動。所以也不能作因果性的追問。莊子的藝術精神發而爲美的觀照，得此一故事中的對比，而愈爲明顯。〔註71〕

　　其次，就表意方式而言，莊子在說明這個道理時，使用了莊子、惠施等屬於重言的角色，同時，也使用屬於寓言的角色——鯈魚，可見這段話是重言與寓言兩種文體靈活運用下的產物。又，就整個角色出場的先後而言，在這段話裏，最早出場的是屬於重言的角色——莊子，因此，應該歸於「重言中含有寓言以明道」之下。

〔註71〕 參閱徐復觀著《中國藝術精神》，頁98～100，臺灣學生書局印行。

第六則

> 莊子行於山中，見大木，枝葉盛茂，伐木者止其旁而不取也。問其
> 故，曰：無所可用。莊子曰：此木以不材得終其天年。夫子出於山，
> 舍於故人之家。故人喜，命豎子殺雁而烹之。豎子請曰：其一能鳴，
> 其一不能鳴，請奚殺？主人曰：殺不能鳴者。明日，弟子問於莊子
> 曰：昨日山中之木，以不材得終其天年；今主人之雁，以不材死；
> 先生將何處？莊子笑曰：周將處乎材與不材之間。材與不材之間，
> 似之而非也，故未免乎累。若夫乘道德而浮遊則不然。無譽無訾，
> 一龍一蛇，與時俱化，而無肯專爲；一上下，以和爲量，浮遊乎萬
> 物之祖；物物而不物於物，則胡可得而累邪！此神農、黃帝之法則
> 也。若夫萬物之情，人倫之傳，則不然。合則離，成則毀；廉則挫，
> 尊則議，有爲則虧，賢則謀，不肖則欺，胡可得而必乎哉！悲夫！
> 弟子志之，其唯道德之鄉！（〈山木〉，頁 667〜668）

【剖析】

這段話的主旨在於說明處世之道——乘道德而浮遊。全文可以分爲三小段：

（一）自「莊子行於山中」起，至「莊子曰：此木以不材終其天年」爲止。說明木以不材得終其天年。

（二）自「夫子出於山」起，至「主人曰：殺不能鳴者」爲止。說明雁以不能鳴而見殺。

（三）自「明日，弟子問於莊子」起，至「其唯道德之鄉」爲止。說明處世之道，在於乘道德而浮遊。

顏昆陽說：

> 處在「有用」和「無用」之間，仍然是固執在一個定點，仍然是滯跡。所以只是近乎道而不是道，因爲道是「應物無方」，絕不偏滯。它不變，然而卻是一切變化的原因。它不動，卻是一切動的力源。它沒有所謂「有用」或「無用」，卻是「有用」與「無用」的樞紐。宇宙萬象，「無動而不變，無時而不移」，道就是一切動變移易的根源。因之，最高明的處世，不偏滯於有用，不偏滯於無用，也不固定在有用與無用之間。而應該是與道德化合（此處道德非儒家形式化的道德規範，在老莊的思想中，道爲萬物之本根，德乃道所賦予

之本性），遣盡兩執對立的妄念，無所謂用廢動靜出處，而又可用可
廢可靜可動可出可處，一切「與時俱化，無肯專為」。也就是居於不
變，而又能操一切變之主動。因此，他能逍遙物外，「物物而不物於
物」。那又有什麼能係累他呢？〔註72〕

其次，就表意方式而言，莊子後學在說明這個道理時，使用了莊子、神
農、黃帝等屬於重言的角色，同時，也使用了大木、豎子、主人、弟子、龍
蛇等屬於寓言的角色，可見這段話是重言與寓言兩種文體靈活運用下的產
物。又總的來說，在這段話裏，最早出場的角色，是屬於重言的角色——莊
子，因此，應該歸於「重言中含有寓言以明道」之下。

第七則

> 東郭子問於莊子曰：所謂道，惡乎在？莊子曰：無所不在。東郭子
> 曰：期而後可。莊子曰：在螻蟻。曰：何其下邪？曰：在稊稗。曰：
> 何其愈下邪？曰：在瓦甓。曰：何其愈甚邪？曰：在屎溺。東郭子
> 不應。莊子曰：夫子之問也，固不及質。正獲之問於監市履狶也，
> 每下愈況。汝唯莫必，無乎逃物。至道若是，大言亦然。周偏咸三
> 者，異名同實，其指一也。嘗相與遊乎無何有之宮，同合而論，無
> 所終窮乎！嘗相與無為乎！澹而靜乎！漠而清乎！調而閒乎！寥已
> 吾志，無往焉而不知其所至，去而來而不知其所止，吾已往來焉而
> 不知其所終；彷徨乎馮閎，大知入焉而不知所窮。物物者與物無際，
> 而物有際者，所謂物際者也；不際之際，際之不際者也。謂盈虛衰
> 殺，彼為盈虛非盈虛，彼為衰殺非衰殺，彼為本末非本末，彼為積
> 散非積散也。（〈知北遊〉，頁749～752）

【剖析】

這段話的主旨在於說明道無所不在。吳康說：

> 愚按道者，本也，精也，所謂原理也；物者，末也，粗也，所謂現
> 象也。今道在螻蟻，在稊稗，在瓦甓，在屎溺，即道在一切物之中，
> 本末精粗，原理與現象合而為一，故曰：道無所不在。郭子玄所謂
> 道不逃物，呂吉甫亦釋言之曰：螻蟻有知而至微，稊稗無知而有生，
> 瓦甓無生而有形，屎溺有形而臭腐者也，若是而為道，則道無不在

〔註72〕見顏崑陽著《莊子的寓言世界》，頁88～90，尚友出版社印行。

可知，皆以明道不逃物之義。故子玄又曰：若必無之逃物，則道不周矣，道而不周，則未足以爲道。……際者，邊也，畔也，接也；物物者，使物所由生之主體，即道也。物無不出於道，本末精粗，合而爲一，故道與物無邊接之可言，以其非兩相異之物而互接也，故曰與物無際。若此物與彼物相比接，則有邊畔可指，此即所謂物際，故曰，而物有際者，所謂物際者也。必欲言際，則彼無邊無畔之主體，亦不妨指爲一最高之畔岸，然此主體自身，實不同於現象界諸物，而互相會接，其終仍是無畔可言，故曰：不際之際，際之不際者也。凡以明道與物合而爲一，所謂與物無際，重復申言道無所不在，爲汎神之義也。〔註73〕

　　其次，就表意方式而言，莊子後學在説明這個道理時，除使用了屬於重言的角色外，同時，也使用了螻蟻、稊稗、瓦甓、米溺、正獲、監市、狶等屬於寓言的角色，可見這段話是重言與寓言兩種文體靈活運用下的產物。又，總的來説，在這段話裏，最早出場的角色是屬於重言的角色——東郭子，因此，應該歸於「重言中含有寓言以明道」之下。

第六節　結　論

　　綜結本章各節的論述來看，莊子之「道」實具有本體論的意義。若將此本體的「道」，落實到人生界來，則有所謂：體道的方法、認識論、人生觀及政治論。就本體論而言，莊子之「道」，可以説就是一種客觀的形上實體。「道」不可言、不可知、不可名、不可見，換句話説，「道」是超乎形相的限制的。這個超乎形相限制的「道」，擁有無爲、自然、虛靜、渾沌、超時空等特質，它是生成天地萬物的根源。但「道」與上帝卻迥然不同，它不僅是非人格化的，同時，也非主宰性的，它的生成天地萬物只是順任自然而已。這個生成天地萬物的「道」是無所不在的。因此，我們也可以説「道」就是「全」，換句話説，「道」是通而爲一，沒有分別相的。但是，我們也不能把這個「全」字看得太死，因爲莊子之「道」，根本是不允許我們加以稱説的；就體道的方法而言，莊子之「道」，雖然是這樣的令人難以捉摸，但是經由「喪我」「心齋」「坐忘」等體道方法，我們還是可以達到「與道冥合」的化境。所謂「喪

〔註73〕參閱吳康著《老莊哲學》，頁87～88，民文出版社印行。

我」，即是如此，不過「心齋」是直接的體悟；「坐忘」則是間接的去智，至於同樣能夠達到「與道冥合」的化境，則無二致；就知識論而言，由於「道」是不可知的，因此，莊子對於知識的看法，不主張以「成心」作爲判斷標準的分別之知，而主張以與自然合而爲一的無所分別的「眞知」；就人生觀而言，莊子的人生哲學在於「依乎天理，因其固然」；就政治論而言，莊子反對戕害個性的有爲政治，而主張順應個性的無爲政治。

　　總之，莊子是以「道」爲其中心思想的，他的一切理論，都是環繞著這個中心思想而加以開展，因此，我們只要能把握了「道」的精義，即可徹底地了解莊子的思想了！

第五章　莊子的藝術的心靈

引　言

　　「道」是莊子思想的最高概念。說到道，我們便立刻會想起莊子所說的一套關於形上性質的描述。但是究極的說，莊子所說的道，若通過思辨的方式去加以開展，以建立由本體落向人生的系統，它固然是具有理論性、形上學的意義；然而，若通過工夫的修養在現實人生中去加以體認，則將發現莊子所說的道，實際上即是一種「藝術的心靈」。因此，當我們要探討莊子之道時，便可以從兩個方面去加以理解：一從形而上學去把握；二從實際人生中去體驗。關於道的形上學的意義這部分，筆者在第四章「莊子用三言以說明道的舉例」中，已經略有說明，茲不贅述。在本章裡，筆者將另外從道在實際人生中的體驗這個方向去加以討論，希望透過本章的探討，能從而證明莊子之道，即是近代之所謂藝術的心靈。

第一節　藝術是什麼？

　　在進入本章莊子的「藝術的心靈」之探討以前，首先且讓我們將「藝術」的定義加以界定一下。從古以來，中外思想家對於藝術的見解，可以說是千差萬殊，難有定論。因此在說到藝術的定義時，也是人各一說，令人目迷五色。主要原因，在於藝術的本身不斷在變，它像女孩子裙子，男人的領帶，一會兒長，一會兒短，一會兒寬，一會兒窄。從前看打窄領帶的人，都說他是時髦，現在看起來，又已經落伍了。既然要爲藝術下定義會有如此的困難，

但是我們又不能因此而不為它下個定義，否則就無法分別出藝術與非藝術了。個人以為要為藝術下定義，似乎可以採取由眾所公認的構成藝術的因素中，去加以歸納，然後再作定義。這樣子或許是比較適當的。以下就將西、中兩方對於藝術的見解，加以簡介一下，希望能夠從中理出構成藝術的因素，並從而歸納出藝術的定義。同時，附論莊子的藝術觀這個小單元，作為探討下節莊子之道與近代之所謂藝術的心靈之基石。

一、西方的藝術觀

在西洋學術當中，所謂藝術（Art）這個字，按照它的希臘文及拉丁文的語源上說，都不外是「聯絡」或「適合」的意思，此聯絡或適合，也就是「使自然界事物適應於人類生活用途的技能」。〔註1〕這樣說來，藝術實際上指的是生活實用中的某些技巧能力而言。

接著，讓我們來看看西方古代哲人對於「藝術」究竟下了些什麼樣的定義？

亞里士多德說：「藝術是自然的模倣」〔註2〕

萊森說：「藝術是以美為理想，而完成的自然。」〔註3〕

席勒說：「藝術是感情和理智的調和。」〔註4〕

謝林說：「藝術是於有限的材料中，寓以無限的精神。」〔註5〕

黑格爾說：「藝術是把絕對的精神予以直覺的表現。」〔註6〕

叔本華說：「藝術是使我們忘卻現實的苦惱的一種一時的解脫劑。」〔註7〕

托爾斯泰說：「藝術是人間傳達其感情的手段。」〔註8〕

居友說：「藝術是理性的和意識的生活的表現。」〔註9〕

以上各種定義，除了亞里士多德主張藝術是自然的模倣以外，萊森則主

〔註1〕 參閱虞君質著《藝術概論》，第三章〈論藝術的定義〉，頁337，大中國圖書公司印行。

〔註2〕 本資料引自虞君質著《藝術概論》，，頁34。

〔註3〕 同註2。

〔註4〕 同註2。

〔註5〕 同註2。

〔註6〕 同註2。

〔註7〕 同註2。

〔註8〕 同註2。

〔註9〕 同註2。

張藝術是以美為現想而完成的「自然」，這「自然」不是模倣，而是表現「理想」的一種創造！席勒同托爾斯泰都很重視藝術和感情的關係，而且都不忽略感情以外的理性部分。托爾斯泰視藝術為傳達感情的「手段」，這「手段」自然是要服從「理性」的導引的。黑格爾與謝林兩人，彷彿極端重視藝術的絕對的精神或無限的精神一方面，這自然是對於藝術的形上學的體會。剩下的兩位，叔本華的看法是超脫而避世的，而居友的看法則是現實而入世的，他們兩個可以說恰恰代表了兩種極端的思想。〔註10〕

　　綜合以上所徵引的材料來看，西方對於藝術所下的定義，由字源的原始意義到古代哲人的新解，藝術這個名詞在內涵上已經起了不小的變化。它已經從實用的技巧能力中淨化了出來，藝術不再只是屬於狹隘的技能而已。除了技能的因素之外，它更包含了感情、理想、理性、精神及美等實質上的因素在內。

二、中國古代的藝術觀

　　中國古代對於藝術的看法，大抵有兩種意義：

（一）種植的意義

　　　　《說文·解字》說：「埶，種也」。〔註11〕

　　　　《書經·酒誥》說：「純其藝黍稷」。〔註12〕

　　　　《孟子·滕文公上》說：「樹藝五穀。」〔註13〕

　　　　《荀子·子道》說：「耕耘樹藝。」〔註14〕

按：以上所徵引的資料中，關於「藝」的意義，都是種植的意思。

（二）才能或技術的意思

　　　　《禮記·樂記》說：「藝成而下」。〔註15〕

　　　　《論語·雍也》說：「求也藝」。〔註16〕

　　　　《史記·儒林傳》說:「能通一藝以上。」〔註17〕

〔註10〕參閱前揭書，頁34～35。
〔註11〕本資料引自前揭書，頁35。
〔註12〕同註11。
〔註13〕同註11。
〔註14〕同註11。
〔註15〕同註11。
〔註16〕同註11。
〔註17〕同註11。

按：以上所徵引的資料中，關於「藝」的意義，都是指才能或技術而言。

此外，關於「藝術」這一名詞，雖在《後漢書・安帝紀》裡面有「校東觀五經，諸子傳記，百家藝術」的說法，而《晉書・藝術傳》裡也有：「藝術之興，由來尚矣！」的感嘆，但一窺其用語的內容，仍然不出才能或技藝的範圍。惟有一事應加注意，就是中國古人之所謂「藝術」，包括頗廣，有些被現代人視爲純粹技術甚至與純粹技術無關的事物都被看成是藝術的一部分，這不能不說是使我們感覺遺憾的事。古人以「禮、樂、射、御、書、數」爲六藝，雖然內容失之籠統含混，然尚不離乎「技術」的範圍，如清初那一部有名的大書《圖書集成》的《藝術典》中，把藝術的範圍推廣到星相堪輿各方面近於迷信的學理上去，則是令人大惑不解了。〔註18〕

綜觀以上所徵引的材料來看，中國古代對於藝術的見解，實在遠不及西方人的深澈而詳明，但是從藝術的原始字義來說，則中、西兩方同樣主張藝術是一種技巧能力，則並沒有什麼兩樣。由此可見，藝術必然要包涵有技巧的成分在內。然而，藝術卻不能始終只停留在技巧能力這個範圍，否則就無法分別出藝術與技能的差別了。個人以爲，除了技巧能力以外，藝術尚須包涵精神、理性、感情及美等心靈的活動，惟有如此，才能分別出什麼是純藝術性的？什麼是純技術性的？藝術的構成既已理清，接著我們即可爲「藝術」下個定義了。所謂「藝術」，即是含有技巧與心靈之活動及其活動之產物。〔註19〕

三、莊子的藝術觀

藝術的定義既明，接著讓我們來看看莊子對於藝術的見解究竟如何？他說：

> 說聖人耶，是相於藝也。(〈在宥〉篇，頁 387)

這裡所謂的「藝」字，主要指的是實用生活中的技能而言。可見莊子對於藝術的看法，仍然保有相當濃厚的中國古代的藝術觀之色彩。雖然如此，不過《莊子》書上卻存有不少與西方的藝術觀幾相吻合的材料。如〈齊物論〉篇說：

> 地籟，則眾竅是已，人籟，則比竹是已。敢問天籟。子綦曰：「夫吹萬不同，而使其自己也，咸其自取，怒者其誰邪！」(〈齊物論〉，頁

〔註18〕參閱前揭書，頁 35。
〔註19〕關於藝術的定義，詳閱虞君質著《藝術概論》，第三章〈論藝術的定義〉，頁 33～47，大中圖書公司印行。

49～50）

在這裡，我們不難發現，莊子必有作為人籟的音樂（比竹，即蕭管等樂器）
的體會，然後才有地籟的體會，再有天籟的體會。而所謂天籟的道，實際上
只是一種精神狀態。這種精神狀態的來源，即在於人籟、地籟的「自己」「自
取」。因此，便也可以說，莊子之道，有時也就是從具體地藝術活動中昇華上
去的一種精神狀態。而這種例子，在《莊子》一書中，可以說是到處都是。
因此，我們可以說，莊子對於藝術實有最深刻的瞭解。〔註20〕又如〈養生主〉
篇記載：

> 庖丁爲文惠君解牛，手之所觸，肩之所倚，足之所履，膝之所踦，
> 砉然嚮然，奏刀騞然，莫不中音，合於桑林之舞，乃中經首之會。
> 文惠君曰：「嘻，善哉！技蓋至此乎？」庖丁釋刀對曰：「臣之所好
> 者道也，進乎技矣。始臣之解牛之時，所見無非牛者。三年之後，
> 未嘗見全牛也。方今之時，臣以神遇而不以目視，官知止而神欲行。
> 依乎天理，批大郤，導大窾，因其固然。技經肯綮之未嘗，而況大
> 軱乎，良庖歲更刀，割也；族庖月更刀，折也。今臣之刀十九年矣，
> 所解數千牛矣，而刀刃若新發於硎。彼節者有間，而刀刃者無厚，
> 以無厚入有間，恢恢乎其於遊刃必有餘地矣，是以十九年而刀刃若
> 新發於硎。雖然，每至於族，吾見其難爲，怵然爲戒，視爲止，行
> 爲遲。動刀甚微，謋然已解，如土委地，提刀而立，爲之四顧，爲
> 之躊躇滿志，善刀而藏之」。（〈養生主〉，頁 117～119）

在上面的一段文章中，首先應當注意的是，道與技的關係。技是技能。至於
「道」的具體內容，留待底下再談。庖丁說他所好的是「道」，在這裡，我們
可以很明顯地看出，道較之於技是更進了一層，然而，這並不意味著道與技
是無關的，相反地，庖丁是在技之中見道，而不是在技之外見道，可見道與
技雖然不屬於同一個範疇，但他們的關係，可以說是相當密切的。而且，如
前所述，古代西方之所謂藝術，本亦兼技術、技巧而言。即使在今日，藝術
的創作，也還是離不開技術、技巧的成分。不過，同樣的技巧，到底是藝術
性的？還是技術性的？在效用與享受上，實有著相當大的差別，而莊子則能
非常深刻而明白地意識到了這一分別之所在。就技術性而言，解牛的動作，
只須計較其實用上的效果，物質上的享受。然而，就藝術性而言，解牛的動

〔註20〕參閱徐復觀著《中國藝術精神》，頁 51，臺灣學生書局印行。

作，則必須擺脫實用的目的，而專取於精神上的享受。莊子所想像出來的庖
子，他解牛的特色，乃在「莫不中音，合於桑林之舞，乃中經首之會，」這
不是技術的效用，而是由技術性所成就的藝術性的效用。他由解牛所獲得的
享受，乃是「提刀而立，爲之四顧，爲之躊躇滿志，」這是他由技術自身所
獲得的享受，是藝術性的享受。而上面所說的藝術性的效用與享受，正是庖
丁「所好者道也」的具體內容。〔註21〕至於「始臣解牛之時」以下的一大段
文章，乃是庖丁用以說明他何以能由技入道的修養過程。在修養的歷程中，
最初仍執我而未忘我，因此說：「所見無非牛者。」進一步便逐漸忘我，正如
庖丁未睹全牛，最後則能破除主客的對立，徹底忘我，與牛玄同冥合，渾化
爲一，好比庖丁以精神控制四肢五官，一任天理之自然或固然。〔註22〕

　　由以上所徵引的一些材料來看，莊子對於藝術的看法，仍保有相當濃厚的
中國古代的藝術觀之色彩，然而，這並不意味著莊子不能瞭解藝術，相反地，
在透過《莊子》書上的材料之解析後，我們可以肯定的指出，莊子對於藝術可
以說是有著相當深刻的瞭解的，他雖然沒有在正面上提出與西方的藝術觀相同
的見解，然而，順著他的思想之發展，自然地會流露出與西方的藝術觀相同的
見解。

第二節　莊子之道與近代之所謂藝術的心靈

　　如前所述，莊子對於藝術，可以說是有著相當深刻而明白的瞭解的。同
時，莊子的中心思想——道，有時候也就是從具體的藝術活動中昇華上去的
一種精神狀態。那麼這是否意味著莊子之道，即是近代之所謂「藝術的心靈」
呢？在解答這個問題時，且讓我們先來看看下列兩段資料：

　　南伯子葵問乎女偊曰：子之年長矣，而色若孺子，何也？曰：吾聞
　　道矣。南伯子葵曰：道可得學邪？曰：惡，惡可！子非其人也。夫
　　卜梁倚有聖人之才而無聖人之道，我有聖人之道而無聖人之才，吾
　　欲以教之，庶幾其果爲聖人乎！不然，以聖人之道告聖人才，亦易
　　矣。吾猶守而告之，參日而後能外天下：已外天下矣，吾又守之，
　　七日而後能外物；已外物矣，吾又守之，九日而後能外生；已外生

〔註21〕參閱前揭書，頁52～53。
〔註22〕參閱王煜著《老莊思想論集》，頁441，聯經出版事業公司印行。

矣，而後能朝徹；朝徹而後能見獨；見獨而後能無古今；無古今而後能入於不死不生。（〈大宗師〉，頁251～252）

梓慶削木爲鐻，鐻成，見者驚猶鬼神。魯侯見而問焉，曰：子何術以爲焉？對曰：臣工人，何術之有！雖然，有一焉。臣將爲鐻，未嘗敢以耗氣也，必齊以靜心。齊三日，而不敢懷慶賞爵祿；齊五日，不敢懷非譽巧拙；齊七日，輒然忘吾有四肢形體也。當是時也，無公朝，其巧專而外骨消；然後入山林，觀天性；形軀至矣，然後成見鐻，然後加手焉；不然則已。則以天合天，器之所以疑神者，其是與！（〈達生〉，頁658～659）

這兩段材料的主旨，第一段在說明學道的工夫及體道的境界，第二段在說明藝術創作中所用的工夫與藝術創作所達到的精神狀態。他們兩者之間，如果撇開對象的廣狹不談，而專就修養的過程及功效來說，則我們即將發現，莊子所說的學道工夫，與藝術家在創作中所用的工夫，實際上是相同的，而由學道所達到的境界與藝術家所達到的精神狀態，也沒有兩樣。現在就把上面兩段材料的內容，加以詳細的分析之如下：

在這兩段材料裡，第一段材料是以人的自身爲主題，第二段材料是以樂器的創作爲主題。前者是莊子思想的中心目的；後者只不過是作爲前者的比喻、比擬而提出來的，因此，在其起點與最後的到達點上，似乎有廣狹的不同。但從工夫的歷程上說，南伯子葵所說的「聖人之道」，其內容不外乎人間世所說的「心齋」；這與梓慶所說的「必齊以靜心」本無兩樣。女偊所說的「外天下」「外物」，實同於梓慶所說的「不敢懷慶賞爵祿」「不敢懷非譽巧拙」。女偊所說的「外生」，實同於梓慶所說的「忘吾有四肢形骸」。女偊所說「朝徹」，實同於梓慶所說的「以天合天」。因此，就修養的過程及功效而言，他們兩者，可以說是完全相同的；唯一不同的是，梓慶由此所成就的是一個「驚猶鬼神」的樂器；而女偊由此所成就的是「聞道」的聖人、至人、真人，乃至神人。〔註23〕因此，徐復觀說：

我可以這樣的指出，莊子所追求的道，與一個藝術家所呈現出的最高藝術精神，在本質上是完全相同。所不同的是：藝術家由此而成就藝術地作品；而莊子則由此而成就藝術地人生。〔註24〕

〔註23〕參閱徐復觀著《中國藝術精神》，頁55～56，臺灣學生書局印行。
〔註24〕見前揭書，頁56。

依照徐復觀的說法，莊子之道即是近代之所謂藝術精神。蔡明田則更進一步的指出莊子之道，即是近代之所謂「藝術的心靈」。他的理由是：

> 愚以為《莊子》一書中，首重在心的把握，而心齋坐忘之後的虛靜心，是靈府、靈臺，因此以現代所謂藝術的心靈稱之。必須注意者，莊子是為人生而藝術，非為藝術而藝術。〔註25〕

個人以為蔡氏的說法更能契合莊子的真意，因此，本章在名目的稱謂上，即採取他的說法。那麼，何謂「藝術的心靈」？所謂藝術的心靈，即是一種可以使精神獲得絕對的自由的抽象存在。

第三節　美、樂、巧等問題

說莊子之道，本質上就是藝術的心靈，首先會引起疑問的是，藝術的心靈不能離開美，不能離開樂（快感）；同時，藝術品的創造也不能離開巧。而莊子對於美、對於樂、對於巧，則似乎是採取否定的態度，這又如何解釋呢？本節即要針對以上所提出的問題，加以詳細的分析，希望透過本節的分析之後，能從而點出莊子對於美、對於樂、對於巧等問題的真正態度。

一、美的問題

對於美，莊子並非一味的否定，而是有所肯定，也有所否定。他所否定的美，即是一般世俗之美，因為這只是刺激感官快感之美。莊子以為這種美只會害生失性，而對於真正大美的呈現，不但沒有補益，而且容易令人破滅。因此，他說：

> 且夫失性有五：一曰五色亂目，使目不明；二曰五聲亂耳，使耳不聰；三曰五臭薰鼻，困惾中顙；四曰五味濁口，使口厲爽；五曰趣舍滑心，使性飛揚。此五者，皆生之害也。（〈天地〉篇，頁453）

這與老子所謂「五色令人目盲，五音令人耳聾，五味令人口爽，馳騁田獵令人心發狂」的看法相同。〔註26〕為了要破除世俗之美，而建立一個以道（天）

〔註25〕 參閱蔡明田著《莊子思想的重心──道》。該文收於《中山學術文化集刊》第四集。

〔註26〕 參閱鄭捷順著《莊子理想中的純粹藝術化人物的實現與大美至巧至適至樂的藝術效果》，該文刊於《內明》，15期。

作爲根源性、本質性而呈現出的大美，因此，《莊子》書上常常假設出來一些殘缺醜陋的人物形相，如同莊子在〈人間世〉篇讚美的「支離疏」，在〈德充符〉篇讚美的「闉跂」「支離無脤」「兀者王駘」「叔山無趾」；尤其是惡人「哀駘它」；這大夥看來醜惡的人物，他都備致推崇。當然，這不是他故作反語，而是他的主眼乃在「遊於形骸之內者」不可以索之於「形骸之外」的原則。因而凡具有內在之美者，可以抵消外形的醜陋而有餘，使他成爲提倡「殘缺美」的第一人。殘缺的美，貴在其擁有自然的本質。〔註27〕而這自然的本質，即來源於具有「美」、「理」、「純」、「全」等「至美」、「大美」的特色之大道，因此說，殘缺美即是天地之大美、至美。〔註28〕至於要如何才能使這種美呈現呢？其關鍵在於超越一般由感官所引起的浮薄之美的困擾，而一任純樸的心靈當下透入具有藝術性之「道」的內部即可獲得。〔註29〕

二、樂的問題

　　對於樂，跟對於美一樣，莊子也是有所否定，也有所肯定。他所否定的樂，是一般從感官而來的快感，他所肯定的樂，則是要從世俗感官的快感超越上去，以把握藝術性的大樂。莊子稱這種樂爲「至樂」；所以〈田子方〉篇引老聃的話，說：

　　　　夫得是，至美至樂也。得至美而遊乎至樂者，謂之至人。（〈田子方〉篇，頁 714）

至樂是出自道的本身，因爲道的本身即是大美。莊子常將道稱爲天，所以由道自身而來的樂，亦稱爲「天樂」。〈天道〉篇說：

　　　　與天和者謂之天樂。（〈天道〉篇，頁 458）

又說：

　　　　知天樂者，其生也天行，其死也物化。（〈天道〉篇，頁 463）

又說：

　　　　言以虛靜推於天地，通於萬物，此之謂天樂。（〈天道〉篇，頁 463）

天運篇說：

〔註27〕　參閱王夢鷗著《古人詩文評對「語言」的基本態度》，該文刊於《東方雜誌》，第十五卷，第 10 期。

〔註28〕　參閱徐復觀著《中國藝術精神》，頁 58～59，臺灣學生書局印行。

〔註29〕　同註 26。

聖也者，達於情而遂於命也。天機不張，而五官皆備，此之爲天樂。
（〈天運〉篇，頁 507）

由此可知，莊子所肯定的樂，乃是要超越世俗感官之樂，以求得到由根源之美而來的根源之樂。〔註 30〕

三、巧的問題

對於巧，莊子也是有所否定，也有所肯定。他所否定的巧，是一般世俗的矜心著意之巧。他說：

擢亂六律，鑠絕竽瑟，塞瞽曠之耳，而天下始人含其聰矣。滅文章，散五采，膠離朱之目，而天下始人含其明矣。毀絕鉤繩，而棄規矩，攦工倕之指，而天下始人有巧矣。故曰：大巧若拙。（〈胠篋〉篇，頁 343）

至於說他爲什麼要反對這種小巧呢？他的理由是這樣的：

純樸不殘，孰爲犧尊，白玉不毀，孰爲圭璋，道德不廢，安取仁義，性情不離，安用禮樂，五色不亂，孰爲文采，五聲不亂，孰應六律，夫殘樸以爲器，工匠之罪也。（〈馬蹄〉篇，頁 336）

那麼，莊子所讚成的巧，又是如何呢？他說：

吾師乎！吾師乎！齏萬物而不爲義，澤及萬世而不爲仁，長於上古而不爲老，覆載天地刻雕眾形而不爲巧。（〈大宗師〉，頁 281）

可見莊子所讚成的巧，是與造化同流，無心而化成的「大巧」、「至巧」。這與世俗的匠心獨運之小巧，顯然是有所分別的。〔註 31〕

經由以上的分析，我們已可以很清楚地掌握了莊子對於美、樂、巧等問題的眞正態度。他是要從世浴浮薄之美追溯上去，以把握「天地有大美而不言」的「大美」；要從世俗感官的快感超越上去，以把握根源的「大樂」；要從矜心著意的小巧，更進一步追求「敬若鬼神」的，與造化同流的「大巧」。〔註 32〕換句話說，他是要破除沾有實用目的之美、樂、巧，而追求具有藝術性之至美、至樂、至巧。

〔註 30〕 同註 28。
〔註 31〕 同註 26。
〔註 32〕 參閱徐復觀著《中國藝術精神》，頁 57。

第四節　精神的自由解放 —— 遊

　　莊子之所以追求道，其主旨在成就藝術的人生，使人生可以得到「至樂」「天樂」，而至樂天樂的眞實內容，乃是在使人的精神得到自由解放。單就這一點來說，莊子與西方美學家，卻正有共同的到達點。如以提倡感情移入說著名的立普司便以爲「美的感情」，是對於「自由的快感」。〔註33〕而海德格則以爲「心境愈是自由，愈能得到美的享受。」〔註34〕卡西勒亦認爲藝術「是給我們以用其他方法所不能達到的內面的自由」〔註35〕而把這一點說得最透徹，最與莊子切合的，無過於黑格爾。他在精神現象學中以人類精神世界的最高階段爲「絕對精神王國。藝術乃在於王國中保有其位置。」〔註36〕假定把黑格爾所說的絕對精神王國改稱爲莊子之道，則僅就人的生命在此領域之中能得到自由解放的這一點而言，實與莊子有共同的祈嚮。〔註37〕雖然如此，不過，莊子與西方美學家在追求自由的對象上，仍然有著顯著的區別。對於這一分別，徐復觀在其著作《中國術精神》裡，曾經詳細的加以探討過，他說：

> 莊子決不曾像現代的美學家樣，把美、把藝術，當作一個追求的對象
> 而加以思索、體認，因而指出藝術精神是什麼？莊子只是順著在大動
> 亂時代人生所受的像桎梏、倒懸一樣的痛苦中，要求得到自由解放；
> 而這種自由解放，不可能求之於現世，也不能如宗教家的廉價地構
> 想，求之於天上，未來；而只能求之於自己的心。心的作用、狀態，
> 莊子即稱之爲精神；即是在自己的精神中求得自由解放。〔註38〕

那麼，精神自由所呈現出來的情狀究竟是如何呢？這可以從《莊子》書上的「遊」字，找到解答。據統計，遊字在《莊子》書上曾用過一百二三十次之多。〔註39〕《莊子》一書的第一篇即稱爲〈逍遙遊〉。它如「遊乎萬物之所終始」、「遊於世而不避」、「遊乎至樂」、「乘道德而浮遊」、「遊於無人之野」、「浮遊乎萬物之祖」、「遊心於淡」、「遊於無有」、「遊於無窮」、「遊乎四海之外」、

〔註33〕　本資料引自徐復觀著《中國藝術精神》，頁6，臺灣學生書局印行。
〔註34〕　同註33。
〔註35〕　前揭書，頁61。
〔註36〕　同註35。
〔註37〕　參閱徐復觀著《中國藝術精神》，頁61。
〔註38〕　見徐復觀著《中國藝術精神》，頁61～62。
〔註39〕　參閱邢光祖著《老莊的藝術天地》，該文刊於出版與研究，68年。

「遊其樊」、「遊心乎德之和」、「遊於物之初」、「遊乎天地之一氣」、「遊方之外」、「遊方之內」……等等，都以「遊」字名之。〔註40〕按《說文》無「遊」字。七上「遊，旌旗之流也」。段《注》：「又引申爲出游，嬉遊。俗作遊。」《廣雅‧釋話》三：「遊，戲也。」旌旗所垂之旒，隨風飄蕩而無所繫縛，故引伸爲遊戲之遊，此爲《莊子》所用遊字之基本意義。〔註41〕〈在宥〉篇說：

> 雲將東遊，過扶搖而適遭鴻蒙。鴻蒙方將拊脾雀躍而遊。雲將見之，倘然止，贄然立，曰：「叟何人邪？叟何爲此？」鴻蒙拊脾雀躍不輟，對雲將曰：「遊」。雲將曰：「朕願有問也。」鴻蒙仰而視雲將曰：「吁」。雲將曰：「天氣不和，地氣鬱結，六氣不調，四時不節。今我願合六氣之精以育群生，爲之奈何？」鴻蒙拊脾雀躍掉頭曰：「吾弗知！吾弗知！」雲將不得問。又三年，東遊，過有宋之野而適逢鴻蒙。雲將大喜，行趨而進曰：「天忘朕邪？天忘朕邪？」再拜稽首，願聞於鴻蒙。鴻蒙曰：「浮遊，不知所求；猖狂，不知所往；遊者鞅掌，以觀無妄。朕又何知。」雲將曰：「朕也自以爲猖狂，而民隨予所往；朕也不得已於民，今則民之放也。願聞一言。」鴻蒙曰：「亂天之經，逆物之情，玄天弗成；解獸之群，而鳥皆夜鳴；災及草木，禍及止蟲。意，治人之過也！」鴻蒙曰：「意，毒哉！僊僊乎歸矣」。（〈在宥〉篇，頁385～390）

此段文字，對遊戲的性格，可以說有了深刻地描述。遊戲是除了當下所得的快感、滿足之外，不雜有其它的目的。因此鴻蒙對於有目的的問題，只能答以「吾弗知」；再進一步逼問時，只說一個「毒哉」而「僊僊乎歸矣」。近代美學家，如康德、席洛、斯賓塞、谷魯司……等等，他們在論及藝術的起源時，也往往將它歸之於人類遊戲的本能。〔註42〕在這裡，我們又可以得到一個有力的旁證，即莊子對於藝術，實有最深刻的瞭解，不過，莊子是面對人生以談藝術；而美學家們則以藝術作品爲對象以談藝術，這是他們之間的不同點所在。對於能遊的人，莊子即稱之爲「至人」、「眞人」、「神人」。至人、眞人、神人實即藝術精神呈現了出來的人，亦即是藝術化了的人。「遊」之

〔註40〕關於「遊」的問題，詳閱王叔岷著《莊學管闚》，頁179～222，藝文印書館印行。

〔註41〕參閱徐復觀著《中國藝術精神》，頁62。

〔註42〕關於康德、席洛、斯賓塞、谷魯司……等人的學言，詳閱朱光潛著《文藝心理學》，頁181～199，臺灣開明書店印行。

一字，貫穿於《莊子》一書之中，正是因爲這個原因。〔註43〕

第五節　藝術的心靈之主體──莊子的心

僅從以上四節的分析，來斷定莊子之道，即是近代之所謂藝術的心靈，或者可被懷疑爲這不過是一種巧合。現在我們將更進一步由莊子所把握到的作爲人的主體之心，正是藝術的心靈之主體，來加以印證莊子之道，即是近代之所謂藝術的心靈。

心，在《莊子》一書中，是一個叫人感覺相當麻煩的問題。茲先摘錄幾段材料在下面，作爲參考：

夫隨其成心而師之，誰獨且無師乎。（〈齊物論〉篇，頁 56）

夫胡可以及化，猶師心者也。（〈人間世〉篇，頁 145）

夫徇耳目內通而外於心知，鬼神將來舍，而況人乎？（〈人間世〉篇，頁 150）

是之謂不以心捐道，不以人助天，是之謂眞人。（〈大宗師〉篇，頁 229）

汝愼無攖人心。人心排下而進上，上下囚殺……僨驕而不可係者，其惟人心乎。（〈在宥〉篇，頁 371）

及唐虞爲天下……然後去性而從於心……然後民始惑亂。（〈繕性〉篇，頁 551～552）

徹志之勃，解心之謬。（〈庚桑楚〉篇，頁 810）

孔子曰：「凡人心險於山川，難於知天。」（〈列禦寇〉篇，頁 1054）

如此看來，莊子對於「心」，似乎是採取警惕的態度。主要的原因，在於「知」的作用是從心生出來的。而知的作用，一則擾亂自己，不合養生之道；一則擾亂社會，爲大亂之源。因此，他乃主張「外於心知」。他說：

吾生也有涯，而知也無涯；以有涯隨無涯，殆已。已而爲知者，殆而已矣。（〈養生主〉篇，頁 115）

又說：

故天下每每大亂，罪在於好知。……惴耎之蟲，肖翹之物，莫不失其性。（〈胠篋〉篇，頁 359）

〔註43〕參閱徐復觀著《中國藝術精神》，頁 63～64。

不過，《莊子》書上亦存有對於心的態度，非但不加以揚棄，反而表示尊重的話。如〈人間世〉篇說：

> 自事其心者，哀樂不易施乎前。（〈人間世〉篇，頁 155）

這裡未嘗要去心。〈德充符〉說：

> 日夜相待乎前，而知不能規乎其始者也，故不足以滑和，不可入於
> 靈府。（〈德充符〉篇，頁 212）

郭《注》：

> 靈府者，精神之宅。〔註44〕

成《疏》：

> 靈府者，精神之宅，所謂心也。〔註45〕

是莊子將心尊之為靈府。〈達生〉篇、〈庚桑楚〉篇又尊之為「靈臺」。可見莊子對於心，並非一味的採取警惕的態度。那麼莊子對於心的態度，是否採取二分法，一為須要防止之心；一為須要尊重之心呢？對於這個問題，徐復觀在《中國人性論史》裡，曾經詳細而透徹的加以探討過，他說：

> 莊子是要求人的生活能「與天為徒」，或「入於天」。天是「寂莫無
> 為」的；心知的活動，足以破壞此寂莫無為，所以特須警戒。但若
> 沒有心知，則賦與人的寂莫無為的本性，將從何處通竅，而使人能
> 有此自覺？且德既內在於人身之內，則人必須通過心的作用，然後
> 在德與形的相對中，能有對德的自覺；於是德的本性，也不能不是
> 心的本性。否則心便不能從形中超脫出來，以把握形所自來的德。
> 〔註46〕

可見人心只有一個。而心之所以須要警惕、防止，則是因為心隨物轉，掩沒了它原來是虛是靜，與道、德合體的本性之關係。〈天地〉篇說：

> 其心之出，有物採之。（〈天地〉篇，頁 411）

按：「出」是指離開了原有的位置，向外奔馳，而心之所以出，則是因為有物加以勾引（採）的關係。〔註47〕為了使心不隨物轉，永遠常處於原有的位置，因而莊子乃提出「心齋」、「坐忘」等適合於心的虛靜之本性的修

〔註44〕見清郭慶藩輯《莊子集釋》，頁 212，河洛圖書公司印行。
〔註45〕同註44。
〔註46〕見徐復觀著《中國人性論史》第十二章〈老子思想的發展與落實莊子的心〉，頁 382，臺灣商務印書館印行。
〔註47〕參閱前揭書，頁 383。

養工夫。〈人間世〉篇說：

> 若一志，無聽之以耳而聽之以心，無聽之以心而聽之以氣，聽止於
> 耳，心止於符。氣也者，虛而待物者也。唯道集虛，虛者，心齋也。
> （〈人間世〉篇，頁147）

〈大宗師〉篇說：

> 顏回曰：「回益矣。」仲尼曰：「何謂也？」曰：「回忘仁義矣。」曰：
> 「可矣，猶未也。」他日，復見，曰：「回益矣。」曰：「何謂也？」
> 曰：「回忘禮樂矣。」曰：「可矣，猶未也。」他日，復見，曰：「回
> 益矣。」曰：「何謂也？」曰：「回忘坐矣。」仲尼蹴然曰：「無謂坐
> 忘？」顏回曰：「墮肢體，黜聰明，離形去智，同於大通，此謂坐忘。」
> 仲尼曰：「同則無好也，化則無常也。而果其賢乎！丘也請從而後也。」
> （〈大宗師〉篇，頁282～285）

依照上引兩段材料來看，達到心齋、坐忘的歷程，主要是通過兩條路：一是
要消解由生理而來的欲望，使欲望不給心帶來奴役；二是要在心與物相接時，
不要讓心對物作知識的活動；如此，心才能擺脫由生理而來的欲望及普通所
謂的知識活動。「墮肢體」、「離形」，指的就是擺脫由生理而來的欲望；「黜聰
明」、「去知」，指的就是擺脫普通所謂的知識活動。〔註48〕當心徹底擺脫了欲
望、知識二種束縛之後，此時的心，即是虛（無成心），即靜（無欲望）。由
於心是虛、是靜，因此，由心所散發出來的認知活動，再也不是一般具有分
解性的知識，而是沒有價值判斷的、純客觀而且不加以分析的知識。莊子將
它稱之為「一知」。他說：

> 而況官天地，府萬物，直寓六骸，象耳目，一知之所知，而心未嘗
> 死者乎！（〈德充符〉，頁193）

這種認知活動，也可以「直覺」一詞稱之。莊子形容這種知的情形是：

> 冥冥之中，獨見曉焉。無聲之中，獨聞和焉。故深之又深，而能物
> 焉；神之又神，而能精焉。（〈天地〉篇，頁411）

所謂「而能物焉」，即是指在直覺的認知活動之下，能夠看出事物的本來面目
（能物）。〔註49〕

　　經由以上的分析、討論，我們對於莊子的心，大抵上已經能夠有所掌握。

〔註48〕參閱徐復觀著《中國藝術精神》頁72，臺灣學生書局印行。
〔註49〕參閱徐復觀著《中國人性論史》，頁385。

接著讓我們再進一步的探討，莊子的虛靜之心及由虛靜之心所發散出來的認知活動——一知，是否即是藝術的心靈之主體與藝術的認知活動？在進入這個問題的探討之前，且讓我們先看看下列兩段材料：

朱光潛在《談美》裡說過：

> 木商由古松而想到架屋製器賺錢等等，植物學家由古松而想到根莖花日光水分等等，他們的意識都不能停止在古松本身上面。不過把古松當作一塊踏腳石，由牠跳到和牠有關係的種種事物上面去。所以在實用的態度中和科學的態度中，所得到的事物的意象都不是獨立的絕緣的，觀者的注意力都不是專注在所觀事物本身上面的。注意力的集中，意象的孤立絕緣，便是美感的態度的最大特點。〔註50〕

德國心理學家閔斯特堡在其著作《藝術教育原理》裡說過：

> 如果你想知道事物本身，祇有一個方法，你必須把那件事物和其他一切事物分開，使你的意識完全為這一個單獨的感覺所佔住，不留絲毫餘地讓其他事物可以同時站在它的旁邊。如果你能做到這步，結果是無可疑的；就事物說，那是完全孤立；就自我說，那是完全安息在該事物上面，這就是對於該事物完全心滿意足。總之，就是美的欣賞。〔註51〕

依照二氏的說法，藝術的認知活動不是由知識而來的名理之知，也不是由生理而來的欲望之知，而是擺脫了名理之知與欲望之知的束縛之後所呈現出來的直覺之知。普通的知識只適用於科學的世界之中，欲望的知識只適用於實用的世界之中，他們這兩種認知活動，都不可能產生美感的經驗。因為在美感的經驗裡，心知物的活動，一定要專注於所觀賞的事物之本身，而不能伴有其他的事物在內。而名理之知與欲望之知則往往只把眼前所看到的事物，作為由它跳到其它有關的事物之上面去的踏腳石而已，這與美感的態度所要求的直覺的認知活動，只注意到所觀賞的事物之本身，因而能洞見事物的本來面目，顯然是有所差別的。從此，我們可以發現一個藝術家，他的最大的敵人，即是由知識與欲望而來的經驗之知。為了要使藝術的認知活動——直覺能夠呈現，唯有透過修養的工夫，把欲望之名與名理之知一齊擺脫掉，而使直覺之知呈現出來，如此才能產生美感的經驗。

〔註50〕 見朱光潛著《談美》，頁9～10，臺灣開明書店印行。
〔註51〕 本資料引自朱光潛著《文藝心理學》，頁10～11，臺灣開明書店印行。

這跟莊子由心齋、坐忘的修養工夫所要求達到的境界，顯然是有異曲同工之妙的！因此，我們可以肯定的指出，莊子由虛靜之心所散發出來的認知活動 —— 一知，即是藝術的認知活動 —— 直覺。而這種認知活動的產生，則根源於虛靜的心，因此，我們可以說，莊子的虛靜之心，即是藝術的心靈之主體。莊子的虛靜之心既然即是藝術的心靈之主體，那麼莊子之道，當然就是近代之所謂藝術的心靈了。

第六節　莊子的無情之情

經由上節的分析，我們可以肯定的指出，莊子之心，即是藝術的心靈之主體，而順著莊子之心所散發出來的認知活動 —— 一知，即是藝術的認知活動 —— 直覺。它是產生美的觀照的必要條件。但是這當中假定沒有感情與想像力的活動，依然不能構成美的觀照的條件。以下二節，將分別針對以上所提到的兩個問題，再作一個考察。現在就先來考察莊子對於情的主張究竟如何？

《莊子》一書中所提及的情字，有三種意義：

一、是指情實之情

〈大宗師〉篇說：

夫道，有情有信。（〈大宗師〉篇，頁 246）

按：這種用法，與藝術的感情無關，姑且不論。

二、是指由欲望、心知而來的是非好惡之情

〈德充符〉篇說：

有人之形，無人之情。有人之形，故群於人，無人之情，故是非不
及於身。（〈德充符〉篇，頁 217）

這是指由知識而來的是非之情，亦即以知為情。又說：

惠子謂莊子曰：「人故無情乎？」莊子曰：「然」惠子曰：「人而無情，
何以謂之人？」莊子曰：「道與之貌，天與之形，惡得不謂之人？」
惠子曰：「既謂之人，惡得無情？」莊子曰：「是非吾謂情也。吾所
謂無情者，言人之不以好惡內傷其身，常因自然而不益生也。」（同
上，頁 220～221）

這是指由欲望而來的好惡之情。然而，不論是由知識而來的是非之情，或是由欲望而來的好惡之情，他們都是被莊子所反對的情。因此，他主張要「無人之情」，亦即要無掉人們由欲望、心知而來的是非好惡之情。

三、實際上是與性字的意義一樣

〈天地〉篇說：

> 致命盡情，天地樂而萬事銷亡，萬物復情，此謂混冥。（〈天地〉篇，
> 頁 443）

這裡之所謂情，即指由德由性所直接發生的作用而言。莊子以虛無言德，以虛靜言心言性，其目的只是要我們從欲望、心知中超脫出來。這個經過超脫出來的心所直接發出的作用，即是與天地萬物相共通的作用。由此可知，莊子之所謂無情，乃是指無掉束縛於個人生理欲望及知識判斷之內的感情，從而超越上去，顯現出與天地萬物相共通的「大情」。〔註52〕這種情，才是莊子所肯定的。

對於莊子的情，黃錦鋐在〈莊子的共通律及其對文學理論之影響〉一文，曾經加以詳析過，他說：

> 莊子把情區分為兩部份，一是人類世俗之情，一是不以好內傷其身，
> 常因自然而不益生的情。前者我稱之為人生界的情，後者我稱之為
> 自然界的情。莊子的意思，人生界的情，會因好惡而內傷其身。為
> 莊子所不取，必以人生與自然共通的情，才不會因好惡而內傷其身。
> 〔註53〕

由於莊子所主張的情，不是人生界的情，而是自然界的大情，因此，看來反似無情，其實這才是天地之至情，也是一個偉大的藝術家所不可或缺的最高的情操。

近世美學家們，有主張「移情作用」之說的，如費孝、惕慶納、黑格爾、洛慈、立普司、浮龍李、谷魯司……等等，他們的學說之大意是指我們的感情移注到物裡面，去分享物的生命。人類感情的分享，不僅可以和鳥鵲齊飛、麋鹿共舞，甚至於也可以和一棵長芽淺青的樹木分享它新生的快樂。〔註54〕

〔註52〕 參閱徐復觀著《中國藝術精神》，頁89～91，臺灣學生書局印行。

〔註53〕 該文刊於《中華文化復興月刊》，十四卷，10期。

〔註54〕 關於上引諸家的學說，詳閱朱光潛著《文藝心理學》，頁34～53，臺灣開明書

這與莊子的無情之情，從表面上看來，似乎很相近，不過，當我們更進一步地加以分析時，則將發現他們之間，仍然有著顯著的差別。就近世美學家而言，他們所注意的只是在感情上與外物相交流，而莊子則不僅是在感情上與外物相交流，而是把自我的整個生命溶鑄於整個宇宙之中，所以凡是物所存在的地方，也就是他生命存在的地方，生命充滿了宇宙，宇宙也無處不洋溢著生命。〔註55〕記得方東美在《中國人生哲學》第六章〈藝術理想〉裡說過：

> 中國藝術家擅於以精神染色相，泱化生命才情，而將萬物點化成盎然大生機。但我所說的泱化宇宙生意，並不是指將主觀的感受投射於外，如德國美家有關「移情作用」的心理論便是如此，那只能稱為主觀主義，反會產生心理與物理的二元論，在身與心之間恆有鴻溝存在，在主體與客體之間也會有隔閡。〔註56〕

按：方氏的說法，恰好可以拿來做為我們比較莊子的無情之情與近代美學家的移情作用說的旁證。

從前法國女小說家喬治桑在〈她的印象和回憶〉裡說過這麼一段話：

> 我有時逃開自我，儼然變成一棵植物，我覺得自己是草，是飛鳥，是櫥頂，是雲，是流水，是天地相接的那一條橫線，覺得自己是這種顏色或是那種形體，瞬息萬變，來去無礙。我時而走，時而飛，時而潛，時而吸露。我向著太陽開花，或棲在葉背安眠。天鵝飛舉時我也飛舉，蜥蜴跳躍時我也跳躍，螢火和星星閃耀時我也閃耀。
>
> 總而言之，我所棲息的天地彷彿全是由我自己伸張出來的。〔註57〕

按：喬治桑的說法，與莊子的無情之情亦相類似。不過，喬治桑的理論，還有自我存在，莊子則是把自我的生命注入於宇宙萬物之中，沒有對立，沒有物我，完全因任自然，與造化同流，因此，就藝術的境界上說，莊子較諸喬治桑，似乎更高一層了。〔註58〕

總之，莊子的無情之情乃是與天地萬物相共通的至情，這種情的特點是物我不分，兩相冥合，因此，乃能當下成就美的觀照。

店印行。

〔註55〕參閱黃錦鋐著《莊子及其文學》，頁55，東大圖書公司印行。

〔註56〕見方東美著《中國人生哲學》，頁226，黎明文化事業公司印行。

〔註57〕本資料引自朱光潛著《文藝心理學》，頁40～41。

〔註58〕參閱黃錦鋐著《莊子及其文學》，頁56。

第七節　莊子的想像力

　　如前所述，莊子的無情之情，即是一種與天地萬物相共通的「大情」「至情」。這種大情至情，是一個傑出的藝術家所不可或缺的偉大情操。而這種大情至情的發生，它的初步，乃是自己的感情不屬於自己，而成為屬於對象的感情；此即弗爾克爾特所說的感情的對象化；或稱為對象的感情。〔註 59〕對象的感情，實際是通過了想像力的活動，或推動想像力的活動。當一位抒情詩人在與物（對象）相接時，常與物以內地生命及人格形態，使天地有情化，這實是感情與想像力融和在一起的活動。莊子由於在精神上得到徹底的解放，因此，在他的觀照之下，天地萬物，都是有情的天地萬物。〈逍遙遊〉篇中的鯤、鵬、學鳩、斥鷃、罔兩、景、胡蝶，都有人格的形態，都賦與觀照者的內地生命。其他各篇，莫不如此。這正說明莊子挾有強而有力的想像力的活動。

　　那麼，什麼是想像力？康德以為想像力是意識的綜合能力，是藝術創造的能力，想像力可以區別為三種：一是創造之力；二是人格化之力；三是產生純粹感覺形象之力。而所謂創造之力，當即是「把現時雖不存在的東西，卻在直觀中將其表現出來的能力。即是，能有產生新對象的能力。」〔註 60〕《莊子》書上，雖然沒有直接指出想像力是什麼？但是，《莊子》書上，卻充滿了具有豐富的想像力的作品。如〈山木〉篇記載：

> 方舟而濟於河，有虛船來觸舟。雖有褊心之人不怒。有一人在其上，
> 則呼張歙之。一呼而不聞，再呼而不聞，於是三呼邪，則必以惡聲
> 隨之。向也不怒而今也怒；向也虛而今也實。人能虛己以遊世，其
> 孰能害之。（〈山木〉篇，頁 675）

按：「虛己以遊世」這一個「現時不存在的東西」，莊子卻能夠借「虛船觸舟」這個舊意象，加以表現出來，可見莊子是擁有豐富的想像力的。又如〈秋水〉篇記載：

> 北海若曰：「井蛙不可語於海者，拘於墟也；夏蟲不可語於冰者，篤
> 於時也；曲士不可語於道者，束於教也。今爾出於涯涘，觀於大海，
> 乃知爾醜。爾將可與大理矣。天下之水，莫大於海，萬川歸之，不
> 知何時止而不盈；尾閭泄之，不知何時已而不虛，春秋不變，水旱

〔註 59〕本資料引自徐復觀著《中國藝術精神》，頁 93，臺灣學生書局印行。
〔註 60〕前揭書，頁 94。

不知，此其過江河之流，不可為量數，而吾未嘗以此自多者，自以
比形於天地，而受氣於陰陽，吾在天地之間，猶小石小木之在大山
也，方存乎見少，又奚以自多。計四海之在天地之間多，不似礨空
之在大澤乎？計中國之在海內，不似稊米之在大倉乎？號物之數謂
之萬，人處一焉，人卒九州，穀食之所生，車舟之所通，人處一焉，
此其比萬物也，不似毫末之在於馬體乎？五帝之所運，三王之所爭，
仁人之所憂，任士之所勞，盡此矣。伯夷辭之以為名，仲尼語之以
為博，此其自多也，不似爾向之自多於水乎？」河泊曰：「然則吾大
天地而小毫末可乎？」北海若曰：「否，夫物量無窮，時無止，分無
常，終始無故。是故大知觀於遠近，故小而不寡，大而不多，知量
無窮：證曏今故，故遙而不悶，掇而不跂，知時無止；察乎盈虛，
故得而不喜，失而不憂，知分無常也；明乎坦塗，故生而不悅，死
而無禍，知終始之不可故也。計人之所知，不若其所不知，其生之
時，不若其未生之時。以其至小，求窮其至大之域，是故迷亂而不
能自得。由是觀之，又何以知毫末之足以定至細之倪，又何以知天
地之足以窮至大之域」。（〈秋水〉篇，頁 561～568）

按：「物各有其分量，各就主觀論之，無不自足也」的抽象理論，是「現時不
存在的東西」，[註61] 莊子卻能透過他的想像力，借著河泊、北海之間相
互對話的舊意象將它表現出來，叫人有如臨其境的感覺。莊子的作品擁
有豐富的想像力，於此又可以得到一個強而有力的印證。

又，奧德布李特認為：

美的觀照的主眼，在於創出新的對象。在觀照時「所與的對象」，是
觀照的出發點。美的觀照的成立，則須靠「第二的新的對象」。[註62]

按：奧氏所說的「第二的新的對象」，可以說是新的形象，本質的形象；也可
以說是潛伏在第一對象裡面的價值、意味，它的產生，實際是通過想像
力的活動。正因為如此，所以對象的形象，便都成了一種新地、顯現其
本質的形象。《莊子》一書中所出現的事物，都是這種新地、本質的形相。
如〈德充符〉一篇，就是顯明的例子。在〈德充符〉一篇裡，莊子都是
通過形以透視形後的德，於是三個「兀者」、衛之「惡人」、「闉跂」、「支

〔註61〕 參閱郎擎霄著《莊子學案》，頁 221，河洛圖書公司印行。
〔註62〕 同註 60。

離無脤」、「甕㼜大癭」，都成爲表現人之德，表現人之價值，意味的新的
形象；莊子將這種醜惡的形相，賦與以新的意味而使其藝術化，使其成
爲可愛的新的人間像。如兀者王駘「從之遊者與仲尼相若」（〈德充符〉
篇，頁 187）；婦人見衛之惡人，「與人爲妻，寧爲夫子妾」（〈德充符〉篇，
頁 206）；而闉跂、支離無脤及甕㼜大癭，都深深的爲衛靈公、齊桓公所
喜悅；這些都說明了莊子挾有強而有力的想像力。因此，他能把一般人
所不能美化、藝術化的事物，也都加以美化、藝術化了。〈知北遊〉有：
「臭腐復化爲神奇。」（〈知北遊〉篇，頁 733）的說法，這正是莊子的大
本領，也是一切大藝術家的大本領。〔註 63〕那麼，莊子何以能擁有這種
大本領呢？主要原因，在於他擁有了「一知」的認知活動。一知的認知
活動，只專注於所觀賞的事物的本身，而不旁涉其它的事物，因而能當
下看出對象的本質、意味。

此外，值得一提的是，莊子不僅擁有豐富的想像力，更難能可貴的是，
莊子的想像力合乎了科學的推理。對於這點，黃錦鋐在〈從感情理智科學的
角度看莊子的文學〉裡，曾經加以指出過，他說：

> 莊子的文學，多爲寓言，寓言則必出於想像，但莊子的想像，必合
> 乎科學的推理，如〈逍遙遊〉所說的：「天之蒼蒼，其正色邪！其遠
> 而無所至極邪！其視下也，亦若是則已矣。」這種由地球看天空，
> 在極高中看地球，是同樣的情形的說法，在過去科學不發達的時代
> 完全是出於想像，但在今天科學的證明，莊子所說的其視下也，亦
> 若是而已矣，是非常合乎科學的結論。〔註 64〕

總之，莊子雖然沒有在正面上提出有關想像力的主張，但是當我們從他所遺
留下來的巨著中去加以分析時，卻能發現莊子確實是一個擁有豐富的想像力
的藝術家，尤其可貴的是，他的想像力並非全盤憑空杜撰，而是合乎了科學
的推理，這是值得我們加以特別注意的事！

第八節　莊子的美的觀照

綜合以上各節的論述，我們可以肯定的指出，莊子之道，即是近代之所

〔註 63〕參閱徐復觀著《中國藝術精神》，頁 93～95。
〔註 64〕見黃錦鋐著《莊子及其文學》，頁 67，東大圖書公司印行。

謂藝術的心靈，由藝術的心靈所散發出來的認知活動，自然會是藝術的認知活動——直覺，因而可以產生美的觀照。由道所散發出來的認知活動，既然可以產生美的觀照，那麼體道的人的認知活動，自然也可以產生美的觀照。〈齊物論〉篇記載：

> 昔者莊周夢爲胡蝶，栩栩然胡蝶也，自喻適志與，不知周也。俄然覺，則蘧蘧然周也。不知周之夢爲胡蝶與？胡蝶之夢爲周與？周與胡蝶，則必有分矣。此之謂物化。（〈齊物論〉篇，頁112）

按：在這個故事裡，我們可以很清楚地看出來，莊周夢爲胡蝶而自己覺得很快樂，其關鍵就在於「不知周也」這一句話上面。若莊周夢爲胡蝶而仍然知道自己本來是莊周，則必生計較之心，便很難「自喻適志」了。因爲「不知周」，所以當下的胡蝶就是他的一切，因此，便會使他「自喻適志與」。莊子夢爲胡蝶而仍記得自己是莊周，這是由認識作用而來的時間上的連續。一般地認識作用，常是把認識的對象鑲入於時間連續之中，及空間關係之內，去加以考察。惟有物化後的孤立的知覺，把自己與對象，都從時間與空間中切斷了，自己與對象之間，自然會冥合而成爲主客合一。既然是一，則此外再無所有，所以一即是一切。一即是一切，則一即是圓滿具足，因此，便會「自喻適志」。主客冥合爲一而自喻適志，此時與環境、世界，便會得到大融合，得到大自由，這就是莊子所說的「遊」。而在體驗中最有關鍵的，是此一故事中由忘知而來的「兩不知」。這兩不知，實際是在「忘我」「喪我」「物化」的精神狀態中，解消了理論與實踐的關連，因而當下所呈現出的孤立化、集中化的知覺活動。〔註65〕徐復觀說：

> 此一故事，是莊周把自己整個生命因物化而來的全盤美化、藝術化的歷程、實現，借此一夢而呈現於世人之前；這是他藝術性的現身說法的實例。〔註66〕

又，〈秋水〉篇記載：

> 莊子與惠施遊於濠梁之上。莊子曰：「鯈魚出遊從容，是魚樂也」。惠子曰：「子非魚，安知魚之樂？」莊子曰：「子非我，安知我不知魚之樂？」惠子曰：「我非子，固不知子矣。子固非魚也，子之不知魚之樂，全矣」。莊子曰：「請循其本。子曰：汝安知魚樂云者，既

〔註65〕參閱徐復觀著《中國藝術精神》，頁97～98，臺灣學生書局印行。
〔註66〕見前揭書，頁98。

已知吾知之而問我？我知之濠上也」。(〈秋水〉篇，頁606～607)

按：在這一個故事裡，我們可以很清楚地看出認識之知與美的觀照之知是不同的。惠施所代表的就是認識之知的典型，莊子則是代表美的觀照之知的典型。由於他們兩人對於知識的看法不同，因此，對於同一的濠梁之魚，實採取兩種不同的態度。莊子是以恬適的感情與知覺，對魚作美的觀照，因而使魚成為美的對象。「儵魚出遊從容，是魚之樂」，正是對於美的對象的描述，也是對於美的對象，作了康德所說的趣味判斷。這種從認識之知，解放出來的美的觀照，為惠子所不能瞭解，便立刻對此一對象，拿進理智的解析中去；在理智的解析中，追問莊子判斷與被判斷之間的因果關係。惠施是以認識判斷來看莊子的趣味判斷，要把趣味判斷轉移到認識判斷中去找根據，因而懷疑莊子「魚樂」的判斷不能成立，這是不了解兩種判斷的性質根本就是不同的。莊子經此一問，立刻從美的觀照的精神狀態中冷卻下來，也對惠子作理智的反問。但莊子順著理智之路，並不能解答惠子所提出的問題，也不能因而難倒惠子。因此，當惠子再進一步「子非魚」的追問時，莊子便從理智中轉頭，而「請循其本」，清理這個問題最初出現時的情景。莊子接著說：「子曰：汝安知魚樂云者，既已知吾知之而問我」，這是詭辯，不是「循其本」的「本」。「循其本」的「本」，乃在「我知之濠上也」一語。「安知魚之樂」的「知」，是認識之知，理智之知，而「我知之濠上也」之「知」，是孤立的知覺之知，即是美的觀照中的直覺之知。因為是直覺，所以對於對象是當下全面而具象的觀照；在觀照的同時，即成立趣味判斷。觀照時不是通過論理、分析之路；由此而得到的判斷，只是當下「即物」的印證，而沒有其他的原因、法則可說。是這忘知以後，虛靜之心與物的直接照面，因而使物成為美的對象；這才是「諸循其本」的「本」。莊子的藝術的心靈之主體，發而為美的觀照，得此一故事的對比，而愈為明顯。〔註67〕

第九節　結　論

說莊子之道，即是近代之所謂藝術的心靈，首先可能遭致非議的是，在名言上，道與藝術的心靈本不相同。不錯，如果純粹就名言來說，莊子之道

〔註67〕參閱前揭書，頁98～100。

與近代之所謂藝術的心靈，可以說是不一樣的。然而，我們若能擺脫名言的束縛，而專就本質的立場去加以體會，則將發現，莊子之道與近代之所謂藝術的心靈，實無兩樣。在經過本章八節的詳細探討之後，我們愈能肯定這個說法的不誤。不過，在這裡，我們尚須加以補充說明的是：莊子之道，除了具有藝術的性質之外，同時，也具有形上的性質，因此，在名言上，我們只能以道來涵蓋藝術的心靈，而不能拿藝術的心靈去涵蓋道，這是第一點需要注意的事情。其次，即是專就藝術的本質這個觀點來說，莊子與藝術家，在對象的起點與到達點方面，亦有廣狹之別。莊子是面對人生而求道，藝術則面對藝術的作品而求最高的藝術精神，前者是以人的自身為主題，後者是以藝術作品為主題；前者在於成就藝術的人生，後者在於成就藝術的作品。這一顯著的分別，也是不容忽視的。

第六章　總　論

　　莊子，一個如謎的人物。他的生平像謎，他的著作也像謎。面對著這個渾身是謎的人物，想要瞭解他的個性，本來就不是一件容易的事，更何況是要瞭解他的思想的最高概念——道呢？然而，莊子並不曾叫有心瞭解他的思想的人失望過，相反地，他還有意無意地把如何打開他的思想的大門，進入他的思想的殿堂的鑰匙，給我們作了最明白的指點。根據〈寓言〉篇的記載，這把鑰匙的構造情況，是由三種文體組織而成的。這三種文體，分別是寓言、重言及卮言。何謂「寓言」？所謂寓言，它是莊子的三種文體之一。這種文體的作法，是「藉外論之」，換句話說，就是立言者假借某些角色來替代自己說話，表達自己的思想、觀念。依照性質的不同，屬於寓言的角色，又可以分為四類：一為神仙鬼怪，二為範概性的無名人物，三為動物或無生物，四為依意託名的人物。在寓言這種文體的作法上，莊子就是靈活地運用了上述四種人物來替代自己說話，表達自己的思想、觀念。何謂「重言」？它也是莊子的三種文體之一，這種文體的作法，大體上與寓言一樣，都是一些為人所尊重的人物。類似這種人物，依其性質的不同，又可以區分為二類：一為在歷史上為人所尊重的人物，二為莊子所虛構的上古得道之人。莊子在重言這種文體的作法上，就是靈活地運用了上述兩類人物來替代自己說話，表達自己的思想、觀念。何謂「卮言」？所謂卮言，它也是莊子的三種文體之一。這種文體的作法，是立言者直接將自己所要表達的思想、觀念，以一般的語言、文字表達出來，當中不必假借任何的角色來作說明。（即使連莊子本身也要除去）可見寓言、重言及卮言這三種文體，在作法上，是略有分別的。此外，《莊子》書上還有一種以寓言及重言這兩種文體為主，而後加以靈活運用

的表達方式，主要原因，在於不使文章的作法顯得呆板、無生氣。然而，這並不是意味著《莊子》書上共有四種文體，因為根據〈寓言〉篇的說明，《莊子》書上才有三種文體而已。因此，類似這樣的表達方式，只能算是莊子的文體之靈活運用。又，依照角色出場的先後秩序這個觀點來說，在寓言與重言這兩種文體的靈活運用下的表達方式，又可以區別為：一、寓言中含有重言的類型；二、重言中含有寓言的類型。至於要如何才能分別出這兩種類型呢？筆者以為可以用角色出場的先後做為判別的標準。即就整個使用過的角色而言，如果最早出場的，是屬於寓言的角色，那麼我們即可將它歸之於寓言中含有重言的類型下；相反地，如果最早出場的，是屬於重言的角色，那麼我們即可將它歸之於重言中含有寓言的類型之下。莊子的鑰匙之構造情形，已如上述，於是筆者乃依照莊子的指示，拿著這把鑰匙，按部就班、循序漸進地試著去打開莊子思想的大門，進入他的思想之殿堂，在經過第四章莊子用三言以說明道的舉例剖析之後，筆者得到一個初步的結論，莊子之道，事實上，即是一種客觀的形上實體。這種客觀的形上實體是看不見、聽不到、摸不著，不是經驗界的語言、文字所能表達的一種抽象的存在。這種抽象的存在就是生成天地萬物的根源，它是無所不在的。可見莊子之道是具有形上的性質的。然而，探討莊子之道，如果僅止於此，那麼它只不過是一個掛空的結論，文字的遊戲而已。對於實際人生而言，它是絲毫意義與價值也沒有的。於是筆者乃更進一步地，從各方面去加以追蹤，並斟酌參考各家的結論，在經過第五章莊子的藝術的心靈之剖析以後，筆者又得到一個概念，即莊子之道，除具有形上的性質之外，如果將它落實到人生界來，可以說就是近代之所謂「藝術的心靈」。換句話說，莊子之道，就是一種可以使精神獲得絕對自由的抽象的存在。如此一來，道再也不只是一個掛空的概念，文字的遊戲而已。對實際人生而言，它是有著實質上的意義與價值的。這種具有意義與價值的「藝術的心靈」，正是處於二十世紀的工商社會環境下的人類所最熱烈企求的至美、至樂的藝術化的生活情趣。唯有它，才可以使人類自覺到精神自由的可貴。莊子的思想，歷久彌新，在此又可以得到一個強而有力的印證。然而，話又說回來，至道畢竟是不可以言說的，筆者在此多費篇幅的論述著，如果被莊子在九泉之下知道了，一定要笑我不知「道」，雖然如此，不過，不言又不足以明道，因此，筆者以為只要秉著「得意而忘言」的古訓，即使是多費口舌，也都是無心之言啊！

引用及參考書目

壹、參考書目

一、莊學類

1. 《莊子口義》，林希逸撰，藝文印書館印行。
2. 《莊子循本》，羅勉道撰，藝文印書館印行。
3. 《南華眞經新傳》，王元澤撰，藝文印書館印行。
4. 《莊子品節》，陳深撰，藝文印書館印行。
5. 《莊子狐白》，韓敬撰，藝文印書館印行。
6. 《南華大義解懸參註》，藏雲山房主人撰，藝文印書館印行。
7. 《南華眞經注疏》，程以寧撰，藝文印書館印行。
8. 《莊子通義》，朱得之撰，藝文印書館印行。
9. 《南華眞經副墨》，陸長庚撰，藝文印書館印行。
10. 《莊子百家評注》，歸有光撰，藝文印書館印行。
11. 《莊子內篇注》，釋德清撰，廣文書局印行。
12. 《觀莊老影響論》，釋德清撰，廣文書局印行。
13. 《莊子翼》，焦竑撰，廣文書局印行。
14. 《莊子解》，吳世尚撰，藝文印書館印行。
15. 《莊子鈔》，浦起龍撰，藝文印書館印行。
16. 《南華簡鈔》，徐廷槐撰，藝文印書館印行。
17. 《莊子雪》，陸樹芝撰，藝文印書館印行。
18. 《莊子章義》，姚鼐撰，藝文印書館印行。

19. 《莊子內篇注》，王闓運撰，藝文印書館印行。
20. 《莊子平議》，俞樾撰，藝文印書館印行。
21. 《莊子人名考》，俞樾撰，藝文印書館印行。
22. 《增註莊子因》，林雲銘撰，廣文書局印行。
23. 《南華經解》，方潛撰，藝文印書館印行。
24. 《莊子義證》，馬敍倫撰，弘道文化事業公司印行。
25. 《莊子正義》，陳壽昌撰，藝文印書館印行。
26. 《莊子旁注》，吳承漸撰，廣文書局印行。
27. 《南華經解》，方潛撰，藝文印書館印行。
28. 《莊子解故》，章炳麟撰，藝文印書館印行。
29. 《讀莊子札記》，陶鴻慶撰，藝文印書館印行。
30. 《莊子斠補》，劉師培撰，藝文印書館印行。
31. 《莊子集釋》，郭慶藩撰，河洛圖書公司印行。
32. 《莊子解》，王夫之撰，廣文書局印行。
33. 《莊子南華經解》，宣穎撰，宏業書局印行。
34. 《莊子集解》，王先謙撰，三民書局印行。
35. 《闡莊》，陳柱撰，藝文印書館印行。
36. 《莊子集註》，阮毓崧撰，藝文印書館印行。
37. 《南華雪心編》，劉鳳苞撰，藝文印書館印行。
38. 《莊子天下篇校釋》，譚戒甫撰，新文豐出版公司印行。
39. 《莊子天下篇講疏》，顧實撰，臺灣商務印書館印行。
40. 《讀莊子天下篇疏記》，錢基博撰，臺灣商務印書館印行。
41. 《莊子引得》，哈佛燕京學社編，弘道文化事業公司印行。
42. 《莊子內七篇類析語釋》，劉光義撰，臺灣學生書局印行。
43. 《莊子處世的內外觀》，劉光義撰，學生書局印行。
44. 《莊子內聖外王之道及其八大學說詮證》，梁冰枬撰，友寧出版公司印行。
45. 《莊子今註今譯》，陳鼓應撰，臺灣商務印書館印行。
46. 《莊子哲學》，陳鼓應撰，臺灣商務印書館印行。
47. 《莊子哲學探究》，陳鼓應撰，撰者印行。
48. 《莊子今箋》，高亨撰，臺灣中華書局印行。
49. 《莊子─古代的存在主義》，福永光司撰，陳冠學譯，三民書局印行。
50. 《莊子平話》，諸橋轍次撰，專心企業公司印行。

51. 《莊子詮詁》，胡遠濬撰，臺灣商務印書館印行。

52. 《莊子的政治思想》，蔡明田撰，中國學術著作獎助委員會印行。

53. 《莊子的寓言世界》，顏崑陽撰，尚友出版社印行。

54. 《莊子要義》，周紹賢撰，文景出版社印行。

55. 《莊子治要》，蕭純伯撰，臺灣商務印書館印行。

56. 《莊子研究》，葉國慶撰，臺灣商務印書館印行。

57. 《老莊哲學》，吳康撰，民文出版社印行。

58. 《莊子衍義》，吳康撰，臺灣商務印書館印行。

59. 《莊子哲學》，曹受坤撰，文景書局印行。

60. 《莊子哲學》，蔣錫昌撰，環宇出版社印行。

61. 《莊子淺說》，陳啓天撰，中華書局印行。

62. 《莊子連詞今訓》，徐德庵撰，樂天出版社印行。

63. 《莊子寓言研究》，葉程義撰，義聲出版社印行。

64. 《莊子新傳——莊周即楊朱定論》，陳冠學撰，三民出版社印行。

65. 《莊子新釋》，張默生撰，洪氏出版社印行。

66. 《莊子詮言》，封思毅撰，臺灣商務印書館印行。

67. 《莊子義譯》，何敬群撰，人生出版社印行。

68. 《莊子與古希臘哲學中的道》，鄔昆如撰，臺灣中華書局印行。

69. 《莊子論文集》，于凳等撰，木鐸出版社印行。

70. 《莊子篇目考》，張成秋撰，臺灣中華書局印行。

71. 《莊子學案》，郎擎霄撰，河洛圖書出版社印行。

72. 《莊子學說體系闡微》，袁宙宗撰，黎明文化事業公司印行。

73. 《莊子總論及分篇評註》，李勉撰，臺灣商務印書館印行。

74. 《莊子纂箋》，錢穆撰，撰者印行。

75. 《莊子管窺》，趙金章撰，弘道文化事業公司印行。

76. 《莊子補正》，劉文典撰，藝文印書館印行。

77. 《莊子內篇證補》，朱桂曜撰，文星書店印行。

78. 《莊學管窺》，王叔岷撰，藝文印書館印行。

79. 《莊子校釋》，王叔岷撰，臺聯國風出版社印行。

80. 《莊老通辨》，錢穆撰，撰者印行。

81. 《老列莊三子知見書目》，嚴靈峰撰，中華叢書編審委員會印行。

82. 《老莊研究》，嚴靈峰撰，臺灣中華書局印行。

83. 《老莊思想與西方哲學》，杜善牧撰，宋稚青譯，三民書局印行。

84. 《老莊思想論集》，王煜撰，聯經出版事業公司印行。

85. 《老莊哲學》，胡哲敷撰，中華書局印行。

86. 《老莊辨異》，盧鳴皋撰，撰者印行。

87. 《新譯莊子讀本》，黃錦鋐撰，三民書局印行。

88. 《莊子及其文學》，黃錦鋐撰，東大圖書公司印行。

二、經學類

1. 《毛詩正義，漢毛公傳》，鄭元箋，唐孔穎達正義，藝文印書館印行。

2. 《論語注疏》，魏何晏等注，宋邢昺疏，藝文印書館印行。

3. 《孟子注疏》，漢趙歧注，宋孫奭疏，藝文印書館印行。

4. 《詩經通釋》，王靜芝撰，輔仁大學文學院印行。

5. 《說文解字注》，段玉裁撰，藝文印書館印行。

6. 《廣韻》，宋陳彭年等重修，藝文印書館印行。

三、史學類

1. 《史記》，漢司馬遷撰，唐司馬貞索隱，張守節正義，宋裴駰集解，藝文印書館印行。

2. 《古史辨》，顧頡剛撰，明倫出版印行。

3. 《中國思想史話》，褚伯思撰，黎明文化公司印行。

4. 《中國哲學史》，謝無量撰，臺灣中華書局印行。

5. 《中國哲學史綱要》，范壽康撰，臺灣開明書店印行。

6. 《中國哲學史》，王德聖撰，華光書局印行。

7. 《中國哲學史》，宇野哲人撰，中華文化出版事業委員會印行。

8. 《中國哲學史》，勞思光撰，香港中文大學崇基學院出版。

9. 《中國哲學思想史》，羅光撰，先知出版社印行。

10. 《中國哲學史》，鍾泰撰，臺灣商務印書館印行。

11. 《中國哲學史》，余公亮撰，正中書局印行。

12. 《中國哲學史概論》，渡邊秀方撰，劉侃元譯，臺灣商務印書館印行。

13. 《中國古代哲學史》，陳元德撰，臺灣中華書局印行。

14. 《中國人性論史〈先秦篇〉》，徐復觀撰，臺灣商務印書館印行。

15. 《中國古代哲學史》，胡適撰，臺灣商務印書館印行。

16. 《中國哲學史》，馮友蘭撰，印者不詳。

17. 《中國文學史》，譚正璧撰，華正書局印行。

18. 《中國文學發達史》，劉大杰撰，華正書局印行。

19. 《中國文學史綱》，劉必勁撰，環球書局印行。

20. 《中國文學史大綱》，顧實撰，文海出版社印行。

21. 《中國文學批評史》，郭紹虞撰，盤庚出版社印行。

22. 《周秦兩漢文學批評史》，羅根澤撰，臺灣商務印書館印行。

23. 《山海經神話系統》，杜而未撰，臺灣學生書局印行。

四、哲學類

1. 《孔子改制考》，康有爲撰，臺灣商務印書館印行。

2. 《中國學術思想大綱》，林尹撰，撰者印行。

3. 《中國哲學原論》，唐君毅撰，新亞研究所印行。

4. 《中國文化之精神價值》，唐君毅撰，正中書局印行。

5. 《中國藝術精神》，徐復觀撰，臺灣學生書局印行。

6. 《才性與玄理》，牟宗三撰，臺灣學生書局印行。

7. 《生生之德》，方東美撰，黎明文化事業公司印行。

8. 《方東美先生演講集》，方東美撰，黎明文化事業公司印行。

9. 《中國人生哲學》，方東美撰，黎明文化事業公司印行。

10. 《中國人生哲學概要》，方東美撰，問學出版社印行。

11. 《先秦諸子導讀》，徐文珊撰，幼獅書局印行。

12. 《中國哲學問題》，安樂哲撰，臺灣商務印書館印行。

13. 《先秦七大哲學家》，韋政通撰，牧童出版社印行。

14. 《諸子的我見》，王昌祉撰，光啓出版社印行。

15. 《諸子考索》，羅根澤撰，泰順出版社印行。

16. 《文藝心理學》，朱光潛撰，臺灣開明書店印行。

17. 《談美》，朱光潛撰，臺灣開明書店印行。

18. 《詩論》，朱光潛撰，臺灣開明書店印行。

19. 《藝術趣味》，臺灣開明書店編，臺灣開明書店印行。

20. 《藝術論叢》，虞君質撰，亞洲出版社有限公司印行。

21. 《藝術概論》，虞君質撰，大中國圖書公司印行。

22. 《藝術概論》，池振周撰，文史哲出版社印行。

23. 《哲學論文集》，中國哲學會主編，臺灣商務印書館印行。

五、文學類

1. 《文心雕龍》，梁劉勰撰，安業書局印行。

2. 《中國歷代寓言選集》，李奕定撰，臺灣商務印書館印行。

3. 《曾文正公全集》，曾國藩撰，世界書局印行。

4. 《談文學》，劉鶚等著，三民書局印行。

5. 《文學概論》，本間久雄撰，臺灣開明書店印行。

6. 《文學與鑑賞》，洪順隆撰，志文出版社印行。

7. 《中國文學講座》，徐嘉瑞撰，啓明書局印行。

貳、參考論文

一、碩士類

1. 〈戰國寓言研究〉，蔣民德撰，國立臺灣大學中國文學研究所。

2. 〈易傳與莊子的現實世界觀與理想世界觀〉，張彬村撰，國立臺灣大學中國文學研究所。

3. 〈莊子哲學〉，傅碧瑤撰，國立臺灣大學哲學研究所。

4. 〈莊子之道的研究〉，李康洙撰，國立臺灣大學哲學研究所。

5. 〈莊子的人生哲學〉，吳應文撰，國立臺灣大學哲學研究所。

6. 〈論莊子「心死」與「逐物」的問題〉，高澤民撰，國立臺灣大學哲學研究所。

7. 〈莊子天下篇疏證〉，謝朝清撰，國立臺灣師範大學國文研究所。

8. 〈莊子學述〉，莊萬壽撰，國立臺灣師範大學國文研究所。

9. 〈莊子神行神遇說與中國文學之關係〉，簡翠貞，國立臺灣師範大學國文研究所。

10. 〈莊子思想之研究〉，吳豐年撰，國立臺灣師範大學國文研究所。

11. 〈莊子自然主義研究〉，顏崑陽撰，國立臺灣師範大學國文研究所。

12. 〈莊子轉俗成眞之理論結構〉，林鎮國撰，國立臺灣師範大學國文研究所。

13. 〈戰國寓言研究〉，黃海華撰，私立輔仁大學中國文學研究所。

14. 〈莊子寓言及其功用研究〉，金世煥撰，私立輔仁大學中國文學研究所。

15. 〈莊子之人生觀〉，張鶴鵬撰，私立輔仁大學哲學研究所。

16. 〈莊子宇宙論試探〉，葉海煙撰，私立輔仁大學哲學研究所。

17. 〈老莊思想人格的探討〉，黃維潤撰，私立輔仁大學哲學研究所。

18. 〈莊子天下篇研究〉，楊日出撰，省立高雄師範學院國文研究所。

19. 〈莊子逍遙思想之研究〉，黎惟東撰，私立中國文化學院哲學研究所。

20. 〈齊物論抉微〉，徐哲萍撰，私立中國文化學院哲學研究所。

21. 〈莊子內七篇之研究〉，許清標撰，私立中國文化學院哲學研究所。

22. 〈莊子思想之研究〉，李莫德撰，私立中國文化學院哲學研究所。

23. 〈先秦道家思想研究〉，張成秋撰，私立中國文化學院中國文學研究所。

二、博士類

1. 〈先秦儒道兩家的形上思想研究〉，趙玲玲撰，私立輔仁大學哲學研究所。

參、參考期刊雜誌

1. 〈莊子〉，聞一多撰，《新月》，二卷 9 期。

2. 〈莊子內外篇分別之標準〉，馮友蘭撰，《燕京學報》，20 期。

3. 〈從西洋哲學觀點看老莊〉，張東蓀撰，《燕京學報》，16 期。

4. 〈莊子對言之表現方式的思想基礎〉，黃柱華撰，《現代文學》，39 期。

5. 〈莊子其人〉，陳百希撰，《現代學人》，4 期。

6. 〈談莊子對生死的看法〉，姜鎮邦撰，《臺肥月刊》，十四卷 5 期。

7. 〈莊子哲學思路的所本〉，杜而未撰，《新鐸聲》，42 期。

8. 〈莊子的人生觀〉，張振東撰，《現代學人》，3 期。

9. 〈莊子的生活啟示了什麼？〉，林章新撰，《大學生活》，七卷 2 期。

10. 〈老莊識小莊問〉，蔡明田撰，《今日中國》，124 期。

11. 〈老莊識小魚樂辯未完〉，蔡明田撰，《今日中國》，125 期。

12. 〈莊子風格漫談〉，鄭萼芹撰，《華岡》，2 期。

13. 〈讀莊初論〉，黃仲琴撰，《嶺南學報》，二卷 1 期。

14. 〈讀莊初論〉，黃仲琴撰，《嶺南學報》，二卷 2 期。

15. 〈莊子哲學的生命精神〉，王邦雄撰，《中國文化月刊》，25 期。

16. 〈莊子的政治思想〉，張金鑑撰，《中原文獻》，十三卷 12 期。

17. 〈莊子書中的孔子〉，連清吉撰，《中國文化月刊》，26 期。

18. 〈莊子逍遙遊別解（一）〉，程兆熊撰，《道教文化》，三卷 2 期。

19. 〈老莊之「道通爲一」〉，李增撰，《哲學與文化》，八卷 10 期。

20. 〈莊子之遊及其所以遊〉，劉光義撰，《中國國學》，9 期。

21. 〈老莊人生哲學的同異〉，陳民撰，《自由太平洋》，五卷 12 期。

22. 〈莊子哲學淺說〉，淦釗撰，《自由太平洋》，四卷 10 期。

23. 〈莊子新論〉，褚伯思撰，《自由太平洋》，四卷 8 期。

24. 〈莊子齊物論之探原思辨〉，黎正甫撰，《自由太平洋》，33 期。

25. 〈論莊子人間世篇的憂患意識〉，蔡明田撰，《大陸雜誌》，六十三卷 1 期。

26. 〈莊子哲學中的「我」〉，黃維潤撰，《哲學與文化》，五卷 9 期。

27. 〈莊子的生死觀〉，孫寶琛撰，《哲學與文化》，五卷 8 期。

28. 〈莊子自然主義的文學理論〉，徐麗霞撰，《哲學與文化》，五卷 9 期。

29. 〈莊子哲學概觀〉，翁琴崖撰，《仁愛月刊》，一卷 4 期。

30. 〈莊子哲學概觀續〉，翁琴崖撰，《仁愛月刊》，一卷 5 期。

31. 〈藝術家的莊子〉，熊廷柱撰，《國立中央大學月刊》，一卷 10 期。

32. 〈莊子哲學〉，施章撰，《國立中央大學月刊》，一卷 9 期。

33. 〈由「新興」文學之立場批判莊子文學之價值〉，施章撰，《國立中央大學月刊》，一卷 10 期。

34. 〈莊子齊物論「兩行」一名之研究〉，朱進之撰，《新民月刊》專著。

35. 〈莊子與儒家的關係〉，黎正甫撰，《人生諸子專號》，237 期。

36. 〈從「養生主」看莊子〉，梁宜生撰，《人生》，二卷 10 期。

37. 〈論莊子的道樞〉，黔叟撰，《學園》，二卷 11 期。

38. 〈莊子自然主義的純全性〉，顏崑陽撰，《學粹》，十七卷 12 期。

39. 〈從莊子內篇觀察莊子思想之體系〉，嵇哲撰，《中文學會學報》，7 期。

40. 〈「意」會與「言」傳〉，胡止歸撰，《民主評論》，九卷 20 期。

41. 〈赤裸裸的《人生》——莊子別解〉，孫慕稼撰，《人生》，七卷 1 期。

42. 〈莊子學術之體系〉，陸鐵乘撰，《國文學報》，2 期。

43. 〈道家思想之特徵及其影響〉，林貞羊撰，教育輔導月刊。

44. 〈道家中心思想之分析及對後世之影響〉，林耀曾撰，《國文學報》，2 期。

45. 〈莊子逍遙篇旨趣淺述〉，陳宗敏撰，《國魂》，255 期。

46. 〈莊子在宥篇旨淺述〉，陳宗敏撰，《國魂》，246 期。

47. 〈莊子逍遙遊在《人生》實踐上的意義〉，梁尚忠撰，《國魂》，253 期。

48. 〈莊子的智慧——一個新估價〉，吳經熊著，項退結譯，《現代學苑》，四卷 3 期。

49. 〈莊子其人其書及其生命精神〉，王邦雄撰，《現代學苑》，3 期。

50. 〈莊子的靈魂——秋水篇〉，胡文興撰，《新天地》，五卷 12 期。

51. 〈莊子及其哲學〉，韋政通撰，《現代學苑》，七卷 5 期。

52. 〈齊物論研究——莊子形上思惟的進路與形態〉，袁保新撰，《鵝湖》，三卷 7 期。

53. 〈莊子養生主理論過程之探討〉，陳文章撰，《鵝湖》，三卷 7 期。

54. 〈老莊思想與中國文學〉，趙偉翔撰，《恒毅》，十五卷 10 期。

55. 〈談莊子〉，梁宜生撰，《恒毅》，八卷 11 期。

56. 〈孟子與莊子思想「鑿」比〉，梁宜生撰，《東方雜誌復刊》，十五卷 8 期。

57. 〈超絕千古的散文 —— 莊子〉，王爾晉撰，《建設》，二十九卷 11 期。

58. 〈莊子理想中的純粹藝術化人物的實現與大美至巧至適至樂的藝術效果〉，鄭捷順撰，《內明》，15 期。

59. 〈莊子思想的探討〉，吳怡撰，《思與言》，二卷 6 期。

60. 〈莊子的知識論〉，嚴靈峰撰，《華學月刊》，96 期。

61. 〈莊子寓言研究〉，成源發撰，《臺北師專學報》，3 期。

62. 〈從文學批評觀點讀莊子〉，施友忠撰，《中外文學》，三卷 7 期。

63. 〈莊子養生主的探討〉，柴扉撰，《中國語文》，276 期。

64. 〈無言獨化〉，葉維廉撰，《中外文學》，八卷 5 期。

65. 〈莊子思想要略〉，楊慶儀撰，《大陸雜誌》，二十四卷 12 期。

66. 〈道家的文藝思潮〉，青木正兒著，鄭峯明譯，《中華文化復興月刊》，二卷 10 期。

67. 〈莊子對文學藝術之影響〉，林祖亮撰，《中華文化復興月刊》，十一卷 11 期。

68. 〈古人詩文評對「語言」之基本態度〉，王夢鷗撰，《東方雜誌復刊》，十五卷 10 期。

69. 〈老莊的藝術天地〉，邢光祖撰，《出版與研究》，68 年。

70. 〈從人間詞話看莊子的文學理論〉，黃錦鋐撰，《東海大學中文學會》，70 年 5 月。

71. 〈莊子的共通律及其對文學理論之影響〉，黃錦鋐撰，《中華文化復興月刊》，十四卷 10 期。

72. 〈道家思想的宗師 —— 莊周〉，黃錦鋐撰，《中華文化復興月刊》，十四卷 1 期。

73. 〈先秦諸子的文學觀〉，黃錦鋐撰，《孔孟月刊》，十九卷 11 期。

74. 〈道家思想的價值觀〉，黃錦鋐撰，《木鐸》，8 期。